罗玉英 著

上海教师教育丛书

知新书系

枕典集

跟着经典学为师

上海教育出版社
SHANGHAI EDUCATIONAL
PUBLISHING HOUSE

上海教师教育丛书编委会

总 序

教育改革的步伐已经进入了关注教师发展的新阶段。不是因为课程改革已陷于制度性疲倦，不是因为评价改革终将受制于社会发展的瓶颈，也不是因为我们拥有超过千万的中小幼教师队伍，每年有数十万计的青年人正在进入这个领域。课程也好，评价也罢，根本上它们都内在于教师。拥抱“教师的年代”，不在于讨论有多少以教职为生计的人，而在于如何拥有师者的内在品质，值得学生效法，使自己从一位教者成长为一位真正的师者。

关注教师是国际教育改革的普遍趋势

制度化教育确立以来，课程长期占据着学校教育的中心地位。直到20世纪60年代，国际教育界才开始把视线转向教师。这是由于课程、教学、评价、管理这些学校层面的所有改革，最终都离不开教师。尽管半个世纪以来，教师职业到底算不算专业还存有不同的看法，但关于教师的专业化问题持续受到广泛关注。

中国向来具有别于西方的教育传统。中国古代教育有重教师、轻课程的传统，唯这种传统并未演化成现代意义上的教与学的机制，更未形成制度化的学校，因此循着传道授业解惑的路径发展教师素养的希冀，愿望虽好，但缺少登梯之阶，难以形成规范。近年来，随着教育国际交流的增进，尤其是上海学生在PISA项目中的表现，引来国际社会对中国教师组织化程度经验的关注，其中教研组和集体备课被认为是两大亮点。因为在西方，教师的教学行为被认为是从属于个人的专业行为，即便是同行也不得任意干预，可以想见，其结果便影响到授业与指导经验的传播。问题是，中国学校教研组的形式究竟以怎样的方式引导教师提升专业能力，尚缺乏充分的论证和公认的成果。理论上来说，一个组织如果确实发生了影响，既有可能是正面积极的，也有可能是负面消极的。教研组对于教师的影响，既未被证实也未被证伪，能否成为经验尚须科学论证。至于集体备课，从不久前在上海对近八千名中小学幼儿园教师所进行的问卷调研显示，面对庞杂的课程事实和众说纷纭的教师要求，一大批成长期的教师从茫然不知所措，到随波逐流；而所谓“成熟期”的教师则顾影自盼地停留在自我经验的世界中，真正知识讲授型教师则难觅踪影。教师发展的局限已成为深化课程改革的短板，这样的局面不改变，教育质量有大滑坡的风险。

教师的成熟需要积累丰富的社会实践

在汉语中，我们把师者称为“老师”，一般解释其中的“老”无义，表尊敬。其实《荀子·致士》中强调了做老师有四个条件，其中一条曰“耆艾而信，可以为师”。古人把五十岁的人称为“艾”，把六十岁的人称为“耆”，把七十岁的人称为“老”。这或是“老师”称谓的早期由来。可见，年龄本是成为教师的一项先决的基本条件。只是在制度化教育出现以后，尤其是以分科为特征的知识传授成为学习的基本形式形成以来，这种年龄的限制才被取消。

古人为什么会对为师者设置年龄限制？是因为教师的职业属性是一名“杂家”，这样的“杂家”不经过长期的、丰富的社会实践积累，是难以炼成的。在今人眼里，“杂家”似乎意味着专业程度低人一等。其实，无论是在古代中国还是在近代西方，强调的都是社会中的个体应具备多方面的才能。孔子所谓的“君子不器”不是在谈“杂家”吗？而马克思关于人的全面发展又何尝不是在谈“杂家”呢？及至当代，“把一个人在体力、智力、情绪、伦理各方面的因素综合起来，使他成为一个完善的人，这就是对教育基本目的的一个广义的界说”（《学会生存》）。这句话表明“杂家”较之于“专家”更近于“完善的人”。教师面对的是多姿多彩的学生，每个学生都有各自的阅历，他们的家庭、他们的生活、他们的所见所闻都不尽相同，每个学生都是一个完整的世界，每个学生又都是一个独特的世界。教师要想成为学生精神生活的指引者，自己必须是一个精神生活丰富的人。而精神生活丰富的基础就是有渊博的知识，不仅是专业知识，而且是与之相关的各方面的知识。

岗位成长已成为教师专业发展的共识

我们拥有成熟的师范教育体系，拥有完备的教师任职制度，是否就意味着我们拥有了优秀教师的培养机制？想要回答这一问题，须明了教师是师范院校培养的吗？教师资格认证制度是从教的当然资质吗？

教师知识与技能的习得途径主要有三种：一是书本阅读，二是课堂知识传授，三是实践体悟。前两种可以通过岗前培养与训练获得，后一种则需要在岗锻炼习得。这就意味着，一名真正合格的教师无法在职前培养中完成，亦无法依靠教师资格认证制度自然解决。这也可以解释为什么近年来相当数量的示范性高中多从综合性大学招收新任教师，是示范性高中教学要求低，还是这些学校无视教育的专业属性？答案显然不是。教师的专业性主要不在于“知”，而在于“行”，即一名教师在从教岗位上的实践、探索、体验、反省和觉悟。可以认为，教师是在岗位实践中自我型塑的，师范院校也好，综合性大学也罢，都不过是为一名教师从教所做的预判性准备。

所谓教学，不是教师从书本上把知识搬家一样送到学生面前，它必须融入教师自己的透彻理解，没有教师的透彻理解很难有学生的透彻理解，以其昏昏使人昭昭的事在教育上是难以发生的。在教师透彻理解的基础上，还必须考虑知识传授的方法。采取什么样的方法，除了教师的个人喜好外，还涉及知识的难易程度、学生的接受程度以及教学资源的承受能力等因素，取舍之间，包蕴着非常丰富的个性化知识。一名真正的优秀教师都拥有丰富的个性化知识，犹如中医问诊中的察颜把脉。这种知识无法仅仅通过书本研读和知识传授获得，需要通过实践不断揣摩，从而得到一种内化了的知识。显然，它是一种非常个人化的特殊知识，需要教师在对每个学生“辨症”施教中不断积累，其习得主要依赖于教师的个人努力。由此，可以得到一条简单而又明确的结论：帮助一名从教者，使之成为一名真正的师者。可以说，帮助数以千万计的从教者，使其早日成长为师者，这是今日中国教师教育领域的一项重大课题。

助推教师成为教育的思想者、研究者、实践者和创新者

国家兴旺，教育为本；教育优先，教师为基。持续了半个世纪的教育改革浪潮把教师发展推到了历史的前台。在当代教育的历史进程中，教师不是单纯的任务执行者，而是教育的思想者、研究者、实践者和创新者。在专业发展的路径上，教师的主体地位、精神和意识得到了时代的推崇，教师专业化发展和对

教师的重新发现将对教育产生重大影响。可以说,教师问题的重要性已无须讨论,而应考虑如何实践。

新一轮课程改革呼唤着教师创造性地施行教与学的行为。吊诡的是,一大批被应试熏陶出来的青年走上讲坛,他们却被要求培养有创新能力的学生。面对变化了的教学材料和教学要求,是施教者的一脸迷茫和不知所措。英国教育家沛西·能曾说过,教师是学生学习的最大动力。问题是,迷茫中的施教者如何才能让自己成为学生学习的动力呢?

基于上述认识,由上海市师资培训中心主持,联合上海师范大学、华东师范大学以及上海教育出版社等单位,倾力研发并打造了这套"上海教师教育丛书"。本丛书由"知会书系""知新书系"和"知困书系"三部分构成,分别聚焦新教师的教学规范、校本的教师研修经验以及优秀教师的成长启示,旨在从岗位上助推有资历和创造性的教师成长,这是我们的理想和愿望。

鉴于本书系不仅是上海也是国内自改革开放以来第一次全面系统开发的教师在岗培训教材,限于能力和水平,在编写过程中尚有诸多局限和不足,乞教于方家,不吝批评指正!

上海教师教育丛书编委会
2017 年 4 月

自　序

好故事从来不辜负虔心阅读它的人。

作为一名现代教师，我喜欢阅读中国古代典籍中的故事。

“师”，在夏、商、周时就有了。甲骨文中有“文师”之称。它的本义是指古代军队编制的一级，后又演变衍生出许多义项。如表示众多，表示古代行政区划单位，指称首领，指称专司一事的神道或官员，指称擅长某种技术或在某个领域里有特殊技能的人。西汉的董仲舒用了“师”一词，司马迁用了“师表”一词，他们都着重在“师”的表率作用这一点上。

“师”是普通人，“师”却不普通。我们在教育教学、家庭社会的不同场景中，转换着为人师、为人长、为人同僚、为人子、为人父母、为公民的不同角色，担负起相应的符合天性人伦和社会期待的职责。

因此，即使没有师承关系，一方出于尊敬感激，也可以称另一方为“师”。科举时代考取进士的人称考官为师。参加殿试被录取的进士，感激天子的知遇识拔，自称为“天子门生”。读书人称订正自己一字之误读或更换诗文中一二字者为“一字师”，它后来也泛指对自己有片言只语的指点棒喝的人。

在人们心中，“师”是业与德的统一。“师者，所以传道授业解惑也”，韩愈说出了“老师”“师德”的内涵。这里的“业”，因工种行业之不同而另有具体内涵，比如置换为“艺”“技”。这里的“德”，一方面符合全民普适公德，如仁义信诚；另一方面有行业特色道德，如宽廉勤实，就适用于常年面对下级的官员、面对学生的老师。

我喜欢阅读中国古代典籍中的故事，有时是出于一个语文学科教师的阅读偏好，有时是有感于现实问题的古代解决方案，有时是希望从中汲取文化自信、道路自信。

我惊喜地看到古人的爱国之诚、言语之信、财商之慧、志向之坚。

我羞愧地看到古人对学术、对研究的求实求真态度、认真执着程度。

我沉浸于古人的说话技巧，感受到这不是纯粹的语言表达技巧问题，而是养内修外、明德新智、内外无欺情况下的自然流露，其语言中的真情合乎人性，故而特别感人，特别有力。

我赞叹古代官员对职业廉洁勤勉，对属下公正宽容，在有限的生命中建立彪炳史册的事功，德化百代，言垂千秋。

他们虽不以师为业，却践行并实现了师表作用。

他们的言行与当下提倡的“社会公德、职业道德、家庭美德”非常契合。

他们启发了我去思考“师”与“师德”的内涵。

在人们心中，“师”意味着终身学习、终身修为。既然技高一筹的人，各行各业“教人的人”，德行高尚的人，或熟悉或陌生，或面晤或神交，都可以为“师”，那么没有那高人一筹的技艺，没有那教人的能力或资本，谈何合格的师德、高尚的德行，又何以为师？

在人们心中，“师”还意味着精益求精，以研究的态度对待工作中的一切相关因素，勤于思考和提炼，乐于笔耕和分享，从站稳站好课堂起步，到写随笔、案例，做论文、课题，研发项目、课程，终成学者型教师。

好故事真的从来不辜负虔心阅读它的人。

我把我读出来的“好”，写在这一本书里，颇费脑筋地命名这书为“枕典集”——典故以及典故对我的启发——奉献给奋战在教育教学一线的教师同仁。

囿于个人学力和文笔，书中可能会有讹误，持论或有偏颇，谋篇尚不规整。欢迎争鸣，敬请指正！

罗玉英

2017 年 10 月 27 日

目　录

教师怎样为人师表

教师怎样提升修养

教师怎样身处团队

教师怎样聚焦专业

教师怎样教学研究

師

教师怎样为人师表

“師(师)”的含义是坐下后被环绕着的人,被人敬仰的能够聚集大众心灵的人。如果这个人在发号施令,那这个“师”就是军师;如果这个人在传授知识,那这个“师”就是教师。

——李山川

老师是学生灵魂的塑造者，学校领导尤其校长则是一校之灵魂，作为老师群体中的精英分子，他们是改造这个学校老师的灵魂的灵魂。

通常，老师对学生容易做到“宽厚仁爱”。上下级之间，上级对下级则不容易做到这一点。越如此，越显示出学校领导尤其校长修身炼德的重要。

本章将从效仿吴焦二翁的周丰身上，了解楷模；从羊续美德润泽后人身上，了解德泽；从言不虚妄的何远身上，了解真诚；从郦吉循制容下、用人之长的故事中，了解克制威权能利人利己利国事；从董槐、唐临公正而有温情的故事中，了解情、理、法三者相辅相成关系；从唐太宗感慨“天下之物，何能遍知”的故事中，了解尊重专业、尊重技术和业务，而功在忠能、失在偏严的萧瑀，则警示我们经常及时自我反省。

真诚，有情，容下，放权，讲原则，做楷模，为人以信，为官清廉；知己之不足而尊重专业，充分关顾各学科领域的特殊性；创造条件给平台、给希望，让教师与学校一起成长。如此，则能上下同心，师生奋进，学校蒸蒸日上，领导事业辉煌。

楷模：周丰效吴焦二翁

曹操北讨柳城，过涿郡，告守令曰：“故北中郎将卢植，名著海内，学为儒宗，士之楷模，国之桢干也。”

——《后汉书·吴延史卢赵列传》

说文

“楷模”是汉语中的一个常用词，关于“楷模”一词的由来，有这样一个传说。过去，模木生于周公冢上，其叶春青夏赤秋白冬黑，以色得其正也；楷木生于孔子冢上，其余枝疏而不屈，以质得其直也。这样的正与直，可为法则。何况它们分别长在周、孔之冢？因而“楷模”二字的本义分别有“法式、典范、标准”的意思。如《老子》中就有“能知楷式，是谓玄德”的记载，而《礼记·儒行》中也说：“儒有今人与居，古人与稽，今世行之，后世以为楷。”是说儒者行事，应当色正质直，才能成为后世楷模法式。而据《资治通鉴》第五十五卷记载，东汉时期的太学生中广泛流传有“天下楷模李元礼”这样的说法，那么，“楷模”这个词至迟在东汉时期就已形成。

韩愈《送董邵南序》中有一句“燕赵古称多慷慨悲歌之士”，意思是：自古以来，人们便说燕赵（河北）一带多有慷慨悲歌的豪侠之士。我国有民风淳朴、民风彪悍之类的词语来形容一时一地的民众风气。诚然，一地有一地的民风，一时有一时的民风。那种引领民风、开风气之先的人，正是人们心目中行事为人的楷模。

从学楷模到当楷模，是修身炼德过程中，由选择学习榜样到追随榜样，再到成为他人榜样的一个质的飞跃的过程。这方面，我们有哪些故事、道理值得一说呢？请允许笔者从周维城的故事说起。

读典

周丰致吴焦二翁

嘉庆元年，余游富阳，知县恽侯请余修县志。未及属稿，而恽侯奉调，余去富阳。富阳高傅占，为余言周维城事甚具，故为之传，以遗后之修志者。

周丰，字维城，其先绍兴人，有赀。父曰重章，火灾荡其家，流寓富阳，抑郁无聊，益跅弛，不问生产，遂大困，寻死富阳。丰为儿时，当天寒，父中夜自外归，辄引父足怀中以卧。十余岁，父既卒，学贾。晨有老人过肆，与之语，奇之，立许字以女。丰事母，起坐行步，尝先得其所欲，饮食必亲视，然后进。事虽剧，必时时至母所视问辄去。母脱有不当意，或端坐不语，丰大惧，皇皇然若无所容。视母颜色怡，乃大喜，又久之然后退。其子孙逮见者，言其寝将寐，必呼阿母；将寤，又如之。殆不自觉也。丰年四十二，过吴山，有相者睨之良久，引其手指之曰："是文如丹砂，公殆有隐德，当有子，富寿康宁，自今始矣。"丰贾致富，有子三人、孙六人，年八十四卒，如相者言。丰于乡里能行其德，有长者行。尝与同贾者归，丰既资之，已而或检其装，有丰肆中物。以告丰，丰急令如故藏，诫勿言，其来待之如初。高傅占言曰:“富阳人多称丰能施与好人。然丰尝曰:‘吾愧吴翁、焦翁。’”吴翁者,徽州人,贾于富阳。每岁尽,夜怀金走里巷,见贫家,默置其户中,不使知也。焦翁者,江宁人,挟三百金之富阳贾。时江水暴发,焦急呼渔者,拯一人者与一金。凡数日,得若干人,留肆中饮食之,俟之息,赀遣之归。二人者,今以问富阳人,不能知也。丰又尝言:“吾生平感妇翁知我。”呜呼,市巷中固不乏士哉!

——选自张惠言《周维城传》,略有删节

解惑

周丰和他的两盏明灯

张惠言,原名一鸣,字皋文,武进(今江苏常州)人。他是嘉庆四年(1799年)进士,被认为是同科进士中具有潜质者,于是被选入翰林院学习,称庶吉士,此后授翰林院编修,是我国清代著名学者、词人、散文家。他在诗词和散文创作方面都有很深的研究。其中,就词的创作而言,他是常州词派的创始人;就散文创作而言,他受桐城派散文影响,与同里恽敬等人研究唐宋古文,意取传统骈文和散文的长处而自成一体,遂开创清代散文创作中的一个文学流派,谓之“阳湖派”。

张惠言所作的散文《周维城传》,主要介绍了清代一位普通百姓周丰一生心有楷模以及修身炼德的故事。

《周维城传》中的周丰,字维城,祖先是绍兴人,有钱财。然而,一把大火使周家倾家荡产,父亲周重章只好领着一家人流落寄寓在富阳生活,家道中落乃至一贫如洗,使父亲精神抑郁闷躁,无所寄托,越发消沉灰心,不再置办产业谋生,于是极度贫困,不久死在富阳。

周丰在贫困的家境中成长,也许是应了“穷人的孩子早当家”这句老话,幼年和少年时代就已经非常体贴父母,一直想为家里分忧。十多岁时,父亲去世,他成了家中的顶梁柱,便开始学习从商。他用心学习生意之道,进步很快。一天早晨,有一位老人经过集市,同他交谈,非常钦佩他小小年纪便懂得经营和待人处事之道，立刻答应将女儿许配给他。

周丰非常懂得孝敬父母。还是在周丰幼年时，每当天气寒冷，父亲半夜从外面回来，他总是把父亲的脚抱在怀里。他侍奉母亲，母亲坐卧行走，他总是先弄明白母亲想要怎样；母亲的饮食只有首先亲眼看过，然后才送到母亲面前；尽管每天事务繁多，他也一定会到母亲房里看望问候，只有看到母亲的脸色和悦了，才会感到快乐；每次就寝前，他必定会念叨着母亲入眠；而将要睡醒时，也是如此。

周丰深知穷人生活艰难不易，他在乡里竭尽所能，扶贫救困，施行恩德，很有长者谨慎宽厚的风范和行为。曾经有一个和他一起做生意的人要回家乡去，周丰已经资助了他旅途费用，但后来有人检点那人的行李，发现有周丰店铺里的货物。周丰得知后，急忙叮嘱让货物原封不动，告诫不要传出此事。那合伙做生意的人来了，他像以前一样对待。

富阳人大多称赞周丰能够施舍帮助别人。家居富阳县城西门岭的私塾先生高傅占对周丰很是景仰，曾虚心求教，周丰说其原因：“我比不上吴翁和焦翁。”

原来，周丰心中一直有两位楷模，这两位楷模像是两盏明灯，指引、照耀着周丰的人生之路。

楷模之一是吴姓徽州人吴翁。吴翁在富阳做生意，每到年终，总是夜里怀揣金钱走街过巷，看见贫寒的人家，就默默地把钱放在门洞里，不让别人知道。

楷模之二是焦姓江宁人焦翁。焦翁带了三百两银子到富阳做买卖，遇洪水暴发，焦翁急忙呼喊渔夫，承诺救起一人送银一两。一共好几天，救起了若干位素不相识之人，焦翁安顿他们在自己的店铺临时住下，给他们东西吃，一直到洪水平息，才出旅费送他们回去。

周丰的故事告诉我们，一个人的心中必须得有楷模，心有楷模是一个人修身炼德的动力源泉。

明鉴

“楷模”的内涵和力量

现代社会中一些人道德失范，大致原因有三点：原因之一就在于其心中没有楷模或者选错了榜样，因而使他对危险心存侥幸甚至无所顾忌，在错误的甚至罪恶的道路上越走越远。这些人唯利是图，见利忘义，尔虞我诈，钩心斗角，攀比嫉妒，或沆瀣一气，狼狈为奸。相较于周丰的孝、德、谦让等品质，他们真该汗颜！原因之二是有些人没觉得自己的言行举止对别人会造成什么影响。成年人“中国式过马路”，没人看见时随地吐痰、扔垃圾、高空抛物；女教师着装暴露，男教师抽烟酗酒；“我的课堂我做主”了，就随意发表小道消息，言语之中羡慕外国的月亮比中国圆……原因之三是有的人社会阅历加深后，渐渐拒绝楷模，自己做不到就认为报纸上、电视上的宣传都是假的。只要有人提一下“感动中国”人物中的一点失真失实之处，他就立马当作重要论据，全盘推翻里面的每个人物，完全否定生活中存在的真善美，道德大厦坍塌，生生把自己活成了没有信仰、只知现实享受的人。

这样想来，我们更应该感谢家居富阳的清代私塾先生高傅占，他让我们有缘读到贤人周丰孝敬宽厚、乐善好施的故事；我们也应该感谢张惠言这位清代学者，在受知县相邀编写县志却因故中止离开富阳时，仍因敬重并难忘周丰这一介平民的感人故事及其深刻的教育意义，为我们留下了《周维城传》。

师说

“师者，所以传道授业解惑也”，“学高为师，身正为范”，“榜样的力量是无穷的”。周丰选择吴翁和焦翁作为自己立身行事的楷模，既与他家道中落的切身经历有关，更与他内心向上向善的追求有关。历来能成大事的人，都有一个共性：选对榜样，择善而从。他们的榜样，可能源于文学作品、史料典籍，也可能源于耳闻目睹。学习优秀人物的正直美好的成分，奠定和强化自己成人成事的心性。

值得一提的是，至今富阳人弘扬善文化、践行善文化的传统仍在延续。有这样的传承，必有丰硕的成果。富阳鹿山街道林大文老先生在2005年捐资10万助学，成为当地人众口皆碑的新楷模。当然，“善”的内涵不止于捐款。举国闻名的“最美妈妈”吴菊萍是鹿山街道汤加埠的媳妇；2011年7月2日，勇敢救起落水车辆的，是鹿山街道蒋家村村民陆顺昌；2015年4月3日，见义勇为，在危急的时候把生的希望留给了同学的，是“最美大学生”杭州富阳籍的何俊斌。

何俊斌毕业于富阳鹿山中学。这所学校以“善文化”作为学校校本课程，以本地最美社会现象为基础，开展具体可行的道德养成教育，为本地“最美现象”添砖加瓦。“一米之内，我的责任。”学校要求学生从身边的事情做起，在一米之内，对他人负责、对自己负责。他们把“一米责任”细化成鹿山中学的“三就”规范，“三就”即就学、就餐、就寝，这是学生在校期间的主要活动。每个“就”有 10 条规范，例如就餐责任第一条是“去食堂就餐按序排队步行，不跑步前进”，就寝责任第一条是“学生出教学楼时要整队，整齐有序进入公寓楼”，学生一看就知道怎么去做。抽象的责任感因为有了“一米”距离和“三就”规范，变得可感、可学、可做。从“一米责任”到“一米善心”再到“一米善行，善行校园”，学生心中埋藏下了善的种子。学校每年举办各种相关活动，如“善文化”暨迎新晚会活动，年度“一米善星”先进学生评选活动等。近年来，学校还在打造“善文化主题微公园”。春雨润物细无声，一年、两年、三年……鹿山中学，这所富阳城郊接合部的初级中学，虽然生源一般，家长中也有不少人无力无心无空过问孩子，但五年来，保持了零犯罪、零违法、零出警的纪录。发掘身边的好榜样，传播生活中的正能量，为自己、为别人树立修身炼德的楷模，善莫大焉！

实际上，无论你职业为何，当你面对着一个个未成年人时，都要想到你对年轻人尤其是未成年人的示范作用非常强大。让我们从“一”开始，修于内而形于外，修于心而笃于行，表里如一，知行统一，始终如一，最终成为“一个高尚的人，一个纯粹的人，一个有道德的人，一个脱离了低级趣味的人”。

学思

教师仅仅是一个职业吗？对“教书拿钱，凭什么要感谢老师？”这样的论调，您将如何回复？

德泽：羊续之德泽后人

上德若谷。

——《老子》

说文

选定楷模之后，好学力行，修身炼德，仍然是一个永恒的话题。我国古代的许多经典对修身炼德都有精辟的阐述。老子说“上德若谷”，“含德之厚，比于赤子”。最高尚的道德犹如川谷，上仗大山之气象，下涌潺潺之流水，兼具刚与柔、重与轻之两脉，故而有川谷，才有山水，才有天下，才有情操与襟怀。而德行丰厚的人，则有如婴儿一般纯真自然。儒家也是非常重视一个人自身品德修养的，《礼记·大学》中就说：“富润屋，德润身。”富裕可以养护好房屋，但也不一定都要雕梁画栋。有德者即使住在几间茅屋里，进到他的房子里的人，经常可以感觉到在简陋的房子中间，有一股兴旺之气，这就是所谓的“润”。公卿将相的子孙后代没落了，祖上的房屋即使没有任何变动，但是经过这种房子的人，会觉得有一股冷气袭来，这是因为他们的家道衰落了，没有人能把它“润”起来。“身”，是能够反映出一个人内心修养的"身",是容纳着聪明或愚蠢,贤明或不肖的内在气质修养的载体。"仁德"能够爱护、滋润及保养身体,使他的行为更加美好。

读典

羊续之德泽后人

时,权豪之家多尚奢丽,(羊)续深疾之,常敝衣薄食,车马羸败。府丞尝献其生鱼,续受而悬于庭;丞后又进之,续乃出前所悬者以杜其意。

——选自《后汉书·羊续传》

羊祜,字叔子,泰山南城人也。世吏二千石,至祜九世,并以清德闻。祖续,仕汉南阳太守。……及长,博学能属文,郡将夏侯威异之,以兄霸之子妻之。……太原郭奕见之曰:"此今日之颜子也。"

——选自《晋书·羊祜传》

解惑

选文中的两个人是爷孙关系。羊续是东汉南阳郡太守,当时有权势者及富豪人家都崇尚奢侈华丽,羊续对此深为憎恶,因而常常身穿破旧的衣服,吃简单的食物,乘用的马非常羸弱,车也很简陋。府丞曾经奉送给他活鱼,他接受后高高悬挂在庭院里;府丞后来又进献活鱼给他,羊续就拿出之前他所悬挂着的鱼给这个府丞看,以此来杜绝府丞的心意。因为他廉洁自守,后人以"羊续悬鱼"这一典故来比喻人为官清廉。

羊续之德不仅"润"了自身,而且"润"及后代。

他的孙子羊祜,字叔子,泰山南城人,世代担任俸禄两千石的官职,到羊祜已经九代,都以为官清廉、品德高尚而闻名。羊祜长大后,博学能写文章,郡中将领夏侯威认为他不平常,把哥哥夏侯霸的女儿嫁给他。太原郭奕见了他说:"这是当今的颜回啊！”颜回是孔子弟子中最受孔子欣赏的一位，孔子曾经慨叹说：“贤哉，回也！一箪食，一瓢饮，在陋巷，人不堪其忧，回也不改其乐。贤哉，回也！”所以只有道德修养极高的人才配跟颜回相提并论。郭奕之言，足见羊祜社会美誉度之高。

羊祜在晋时被封为钜平侯，总督荆州军事，与东吴对峙十年，荆州军民念其祖之德，一致拥护他。羊祜外攘内治，名声大彰，后来位极三公。羊祜死后，百姓痛哭于街巷，竟至停市，并为他建碑，岁时飨祭。望其碑者莫不流涕，他所推荐接任他的下一任长官杜预因而名之为“堕泪碑”。

唐代孟浩然有一首名诗，题为《与诸子登岘山》，诗中说：“人事有代谢，往来成古今。江山留胜迹，我辈复登临。水落鱼梁浅，天寒梦泽深。羊公碑尚在，读罢泪沾襟。”他被后人仰慕到了这样的程度。羊续之德润泽后人，才能家族永续，美名流传。

明鉴

古人用“富润屋，德润身”这句话，强调培养美好品德与修身的关系，表现了儒家对美好品德的重视与推崇。

“古之欲明明德于天下者，先治其国；欲治其国者，先齐其家；欲齐其家者，先修其身；欲修其身者，先正其心；欲正其心者，先诚其意；欲诚其意者，先致其知；致知在格物。物格而后知至，知至而后意诚，意诚而后心正，心正而后身修，身修而后家齐，家齐而后国治，国治而后天下平。自天子以至于庶人，一是皆以修身为本。”这是《礼记·大学》中一段精辟的论述。这段话将修身与治国、平天下相提并论，同时指出了每个人“修身”的具体路径，即通过格物、致知、诚意、正心四个步骤达到修身的目的。当然，在儒家看来，不同人的修身，其功能境界各异：庶民有家，修身是为了齐家；诸侯有家有国，修身是为了齐家治国；天子有家有国有天下，修身是为了齐家治国平天下。

师说

修身炼德是做人之本、成事之基、为官之道，然而修身炼德不是一朝一夕之事。

心灵的修炼与提升是一个永远没有止境的浩繁工程,它需要我们从身边、从足下的一件件小事做起,时刻反省,长期积淀,终身砥砺——可谓生命不息,修德不止。

我很欣赏一位作者对"修身炼德"的譬喻形容:修养是"一",因为"一"最小,体现着不起眼的小事、小节;"一"也最大,代表着一个人做人的根本,反映着一个人的道德品质,稍有不慎,就会身败名裂。修养是"一",还因为"一"代表起点,万物皆由"一"生,凡事都有开始;"一"也代表终点,九九归一,终成大写之人。

我国五千年的文明史表明,倡导个人修养、内省、自律,是我们民族的传统美德。从"吾日三省吾身""君子慎独"到"养吾浩然之气",从"斯是陋室,惟吾德馨"到"爱莲之出淤泥而不染",是我们应当追求的高风亮节。无数古人先贤在修身炼德方面身体力行,成为我们心中长照不灭的明灯、漫长人生路上的表率。

学思

教师这个职业需要什么样的德?今天的教师需要什么样的德?

真诚：何远清廉无妄语

卫霍真诚奉主，貔虎十万一身。

——卢群《淮西席上醉歌》

说文

有人说，“德”者，直心也，践行也，就是内心正直，并且为人处事时，始终表里如一地按“正直”之道践行。按我的理解，“德”中一定包含言语正直真诚，不欺不诳。有这样的美德，一定能廉洁无私，轻财好义，而绝不会是那种精致的利己主义者。一个环境里，有这样的美德的人多了，这个环境就宜人宜居，容易让人建功立业，为社会带来福祉。为师者，为长者，如果能对学生、下属做到真诚无欺，师生关系、上下级关系一定能和谐、长久。古人在这些方面有若干值得我们思考的先例。

读典

言不虚妄的何远

何远字义方，东海郯人也。武帝践阼，为后军鄱阳王恢录事参军。远与恢素善，在府尽其志力，知无不为。恢亦推心仗之，恩寄甚密。迁武昌太守。远本倜傥，尚轻侠。至是乃杜绝交游，馈遗秋毫无所受。武昌俗皆汲江水，盛夏，远患水温，每以钱买民井寒水。不取钱者，则挿水还之。迹虽似伪，而能委曲用意。车服尤弊素，器物无铜漆。江左水族甚贱，远每食不过干鱼数片而已。然性刚严，吏民多以细事受鞭罚，遂为人所讼，征下廷尉，被劾十数条。后为武康令，愈厉廉节，除淫祀，正身率职，民甚称之。太守王彬巡属县，诸县皆盛供帐以待焉。至武康，远独设粮水而已。武帝闻其能，擢为宣城太守。自县为近畿大郡，近代未之有也。郡经寇抄，远尽心绥理，复著名迹。期年，迁树功将军、始兴内史。时泉陵侯朗为桂州，缘道多剽掠，入始兴界，草木无所犯。远在官好开途巷，修葺墙屋，民居市里，城隍厩库，所过若营家焉。田秩奉钱，并无所取，岁暮择民尤穷者充其租调，以此为常。而性果断，民畏而惜之，所至皆生为立祠，表言政状，帝每优诏答焉。迁东阳太守。远处职，疾强富如仇雠，视贫细如子弟，特为豪右所畏惮。在东阳岁余，复为受罚者所谤，坐免归。远性耿介，无私曲，居人间绝请谒，不造诣。与贵贱书疏，抗礼如一。其所会遇，未尝以颜色下人。是以多为俗士所疾恶。其清公实为天下第一。居数郡，见可欲终不变其心，妻子饥寒如下贫者。及去东阳归家，经年岁，口不言荣辱，士类益以此多之。其轻财好义，周人之急，言不虚妄，盖天性也。每戏语人云："卿能得我一妄语，则谢卿以一缣。”众共伺之，不能记也。

——选自《南史·何远传》

言语欺诈的张仪

秦王欲伐齐，患齐、楚之从亲，乃使张仪至楚，说楚王曰：“大王诚能听臣，闭关绝约于齐，臣请献商於之地六百里，使秦女得为大王箕帚之妾，秦、楚嫁女娶妇，长为兄弟之国。”楚王说而许之。群臣皆贺，陈轸独吊。王怒曰：“寡人不兴师而得六百里地，何吊也？”对曰：“不然。以臣观之，商於之地不可得，而齐、秦合。齐、秦合则患必至矣！”王曰：“有说乎？”对曰：“夫秦之所以重楚者，以其有齐也。今闭关绝约于齐，则楚孤，秦奚贪夫孤国，而与之商於之地六百里？张仪至秦，必负王。是王北绝齐交，西生患于秦也。两国之兵必俱至。为王计者，不若阴合而阳绝于齐，使人随张仪。苟与吾地，绝齐未晚也。”王曰：“愿陈子闭口，毋复言，以待寡人得地！”乃以相印授张仪，厚赐之。遂闭关绝约于齐，使一将军随张仪至秦。

张仪佯堕车，不朝三月。楚王闻之，曰：“仪以寡人绝齐未甚邪？”乃使勇士宋遗借宋之符，北骂齐王。齐王大怒，折节而事秦，齐、秦之交合。张仪乃朝，见楚使者曰：“子何不受地？从某至某，广袤六里。”使者怒，还报楚王。

……

《孟子》论之曰：或谓“张仪、公孙衍，岂不大丈夫哉！一怒而诸侯惧，安居而天下熄”。孟子曰：“是恶足以为大丈夫哉！君子立天下之正位，行天下之正道。得志则与民由之，不得志则独行其道。富贵不能淫，贫贱不能移，威武不能屈，是之谓大丈夫。”

——选自《资治通鉴》第三卷

解惑

第一个是关于真诚的故事。何远(470—521年),字义方,南北朝时期东海郯县人(今山东省与江苏省交界处)。父亲何慧炬是南北朝时期南朝齐的尚书郎,他本人在梁武帝年间为官,先后任建康令、建武将军等十多个重要职务。

何远为官,削除苛政,爱民恤贫,发展生产,富有政绩。更重要的是,他廉洁从事,从不惊扰百姓,或行敲诈勒索之事。老百姓看在眼里,记在心里,凡何远为官之处,民间都为他立庙设祠,以表彰他的政绩。因而,他赢得了"清廉公正天下第一"的美称。

何远曾迁任武昌太守,武昌人习惯汲长江水以饮用。盛夏时节,何远嫌江水热,经常用钱买百姓井中的凉水。一开始,老百姓不敢收下这位地方官的水钱,但何远态度坚决,若有人不收他的钱,他就将井水送还给他,如是几次,百姓也就觉得他没有以前地方官的霸道,反而觉得他平易近人。

任太守期间,何远的日常生活十分俭朴,府上所用器物没有一件是铜制品或漆器,车马更是破旧无华。当地出产水鲜,可他每顿饭不过是吃几片鱼干。他对家人的要求更加严格,妻子儿女的生活犹如百姓中的下等穷人。

后来,何远又任武康令,"愈厉廉节,除淫祀,正身率职,民甚称之"。南北朝时期,官场风气讲究排场奢靡,遇到上级来视察,下属必借此机会逢迎巴结,地方官往往倾境内之所出,备盛宴以款待,并以厚礼馈赠上司。其目的往往在于,投机钻营者一心献媚于上,以求提携高升;有劣迹者害怕东窗事发,需要上峰包容;还有一些胆小如鼠的下属官员,则害怕因招待不周而致上司吹毛求疵。总之,为讨上司欢心,地方官不惜民脂民膏,此等陋习,虽古来有之,而南北朝则更有甚之。

何远无疑是那一群官员中的异类。因为按照他的脾气秉性,绝不愿为逢迎上司而加重百姓负担,也不愿以巴结逢迎毁掉自己多年来一直坚持清廉自持的为政信仰,所以,并不随波逐流,而以俭素待上,这是他未作深想便作出的安排。

有一次上级安排政绩考核活动,何远的上司太守王彬视察所辖各县,所到之处,都受到盛情接待,杀猪宰羊,大摆宴席,有的还备贵重礼品馈赠,以取悦上司。几天后,太守王彬来到了武康县,何远带着手下到城外迎接。何远叫人拿出早已准备好的干粮和开水,对王彬说:"大人,您路远迢迢赶来敝县,想必是又饥又渴了,可是我只为您准备了干粮和开水。我想你我都是朝廷命官，应该注意节俭，给老百姓作出榜样，您不会怪罪我吧？"

在武康县的一段时间，何远请王彬吃的是便饭，坐的是旧车，住的是一般的房子，生活完全和普通人差不多。在王彬离开武康县的时候，何远送太守到县境边，他仅以一斗水酒和一只鹅为礼品相赠。

何远此举并未给他的县令生涯带来危机。凑巧的是，太守王彬也是一个提倡节俭的人，他对下属的巴结逢迎并不领情，相反，何远的诚实接待倒是给他留下了十分深刻的印象。考察结束后，王彬将此事禀报梁武帝，武帝也称赞其贤，此后，破格提升何远任宣城太守。

何远为官，极其痛恨称霸一方的人，他把这些地方恶霸视作仇人，而对那些贫穷微贱的人，他则当作子弟一样看待。所以地方豪强都很惧惮他。尽管在天监十六年，梁武帝曾经下诏："何远先前在武康，已因政治平安、清廉公平而著名，其后又相继担任两郡太守，更加清白无瑕，为政先端正作风，多做有益社会的好事，就是古代最优秀的两千石父母官也不会比他更强。应当将他擢升为朝内的荣耀职务，以表彰他在外的政绩。"但是，终因其为官为人独树一帜，他还是遭到一些人的忌恨与谗言诬告而被免职。只是，金杯银杯不如老百姓的口碑，破格入阁不如有品格和人格。凡是何远做官所到的地方，百姓们都给他立着生祠，人民由衷爱戴他，便是对他最好的认可与评价。

何远为人真诚，是出了名的。他轻财好义，周济别人的窘急，而且说话从不虚妄，皆出自真情，出于天性。他与别人打赌：倘若找得他不论在何时何地说过的一句虚妄的话，他愿意送给人家一匹好绢。所以历史上关于何远的再一个佳话就是"得一妄语，谢人一缣"。为此，许多人，包括他的朋友以及与他相处并不友善的人，都很留心，试着从他说过的话里，找与事实相悖的地方，结果找不到他任何一句虚妄的话。离开政坛回到家乡后，数年间他从不谈个人荣辱，此亦为人们所称道。

而另一个是《资治通鉴》上的故事。秦王想征伐齐国，又顾虑齐国与楚国有互助条约，便派张仪前往楚国。张仪对楚王说："大王如果能听从我的建议，与齐国废除盟约，断绝邦交，我可以向楚国献上商於地方的六百里土地，让秦国的美女来做侍奉您的妾婢。秦、楚两国互通婚嫁，就能永远结为兄弟之邦。"楚王十分高兴，允诺张仪的建议。群臣都前来祝贺，只有陈轸表示哀痛。楚王恼怒地问："我一兵未发而得到六百里土地,有什么不好?”陈轸回答:“您的想法不对。以我之见,商於的土地不会到手,齐国、秦国却会联合起来,齐、秦一联合,楚国即将祸事临门了。”楚王问:“你有什么解释呢?”陈轸回答:“秦国之所以重视楚国,就是因为我们有齐国作盟友。现在我们如果与齐国毁约断交,楚国便孤立了,秦国又怎么会偏爱一个孤立无援的国家而白送商於六百里地呢?!张仪回到秦国以后,一定会背弃对大王您的许诺。那时大王北与齐国断交,西与秦国生出怨仇,两国必定联合发兵夹攻。为您算计,不如我们暗中与齐国仍旧修好而只表面上绝交,派人随张仪回去。如果真的割让给我们土地,再与齐国绝交也不晚。”楚王斥责道:“请你陈先生闭上嘴巴,不要再说废话了,等着看我去接收大片土地吧!”于是把国相大印授给张仪,又重重赏赐他。随后下令与齐国毁约断交,派一名将军同张仪前往秦国。

张仪回国后,假装从车上跌下,三个月不上朝。楚王听说后自语道:“张仪是不是觉得我与齐国断交做得还不够?”便派勇士宋遗借了宋国的符节,北上到齐国去辱骂齐王。齐王大怒,立即降低身份去讨好秦国,齐国、秦国于是和好。这时张仪才上朝,见到楚国使者,故作惊讶地问:“你为何还不去接受割地?从某处到某处,有六里多见方。”使者愤怒地回国报告楚王,楚王勃然大怒,想发兵攻打秦国。这以后的事情是,陈轸劝阻无效,楚王两次主动攻秦,却被秦两次打得大败,韩、魏闻楚之困,南袭楚国。楚国割让两座城向秦国求和。

《孟子》论之曰:有人说:“张仪、公孙衍难道不是大丈夫吗?他们一怒而使各国恐惧,安居时又能使兵火熄灭。”孟轲说:“那岂能称得上大丈夫!君子处世堂堂正正,行天下之正道,得志便带领百姓,同行正道,不得志便洁身自好,独行正道,富贵不能淫,贫贱不能移,威武不能屈,这才能算得是大丈夫。”

明鉴

张仪用计以诈为贵

关于张仪,还有这样一个故事。张仪的同学苏秦,早年投奔秦国没能发迹,回家还被妻嫂父母轻视,后来用功读书,在历史上留下“锥刺股”的苦读佳话。他学成后投到了当时秦国的敌对国赵国，是著名的纵横家。

张仪因苏秦之邀请来到赵国求功名，受辱后跑到赵的敌对国秦国；后被告知是苏秦为保赵不被秦攻而施的计。（苏秦在赵，挂六国相印；张仪在秦。张仪可设法不让秦攻赵；同时苏秦也设法绝不主动攻秦。这样两个老同学都可因对方的存在而突显自己的价值，且各诸侯国可得一时相安无事。）又为了报一己之愤，张仪曾发出檄文扬言要攻打曾经诬陷过自己的楚国。

苏秦、张仪为了实现自我价值，让一己利益最大化，他们可以朝秦暮楚。他们也苦学，也钻研，也营谋，他们投秦国也好，投赵国也罢，其实质都是为自己的功名，说穿了，是为自己搞点经济的政治的待遇。和当今的一些精致的利己主义者一样，他们的行事逻辑常能奏效，也因此极能腐蚀人心，对社会起的折散、瓦解作用非常大，使社会难以形成凝聚人心的力量和稳固的根基，是造成“流沙社会”的罪恶推手。

张仪利用楚王贪婪、短视、愚蠢的人格弱点，用计欺骗楚国与齐绝交，激怒楚王，最终得到楚国割让两城向秦求和的结果。以他为代表的秦国的胜利，可以说是欺诈权谋与武力征伐者的胜利。

这种“胜利”，发生在许多时空。司马迁在他的《史记·平准书》中议论说：“齐桓公用管仲之谋，通轻重之权，徼山海之业，以朝诸侯，用区区之齐显成霸名。魏用李克，尽地力，为强君。自是之后，天下争于战国，贵诈力而贱仁义，先富有而后推让。故庶人之富者或累巨万，而贫者或不厌糟糠；有国强者或并群小以臣诸侯，而弱国或绝祀而灭世。以至于秦，卒并海内。”

也正是基于这样的以诈力为贵、以仁义为贱的事实，孟子才评价说，“春秋无义战”；又说君子“居天下之广居，立天下之正位，行天下之大道；得志，与民由之；不得志，独行其道。富贵不能淫，贫贱不能移，威武不能屈，此之谓大丈夫”。他所指明的君子为人处世哲学深为后世所信服，而对“大丈夫”的标准的论断更是流传千古，折服万代。

真正的“大丈夫”，对于整个社会而言，如川流不息的清水，能滋养一切生物；自己活动，并能推动别人；具有人格魅力和感召力量，会成为“凝结核”，能够团结起一批人，给社会带来活力和进步。

师说

据传孔子曾赞美水有五德——有德、有义、有道、有勇、有法，所以“君子遇水必观”。

川流不息，能滋养一切生物，就是有德；流必向下，不倒流，或方或长，遵循自然规律，就是有义；浩大无尽，就是有道；流向几百丈山涧而毫无畏惧，就是有勇；安放没有高低不平，就是守法度。水有这些好德行，所以君子遇水必观（观察、体会、感悟、效仿）。

曾协助丰臣秀吉统一全日本的军师黑田孝高，善于用水作战，曾用水攻陷了久攻不下的高松城，因此在日本历史上有“如水”的别号。他曾写过“水五则”：自己活动，并能推动别人的，是水；经常探求自己的方向的，是水；遇到障碍物时，能发挥百倍力量的，是水；以自己的清洁洗净他人的污浊，有容清纳浊的宽大度量的，是水；汪洋大海，能蒸发为云，变成雪、雨或化为雾，又或凝结成冰，无论发生什么变化，都不失其本性的，是水。真正的“大丈夫”，再怎么遇到挫折也不改认真生活、尽力为民做事的本色，立业立德又立言，不枉所读圣贤书。他的思想，他的事迹，能够跨越时空，像水一样川流不息，滋养千秋万代。

基础教育阶段的教师，虽然只是社会百业中极其普通的一种身份，但因其面向身心品德正处发育之时的莘莘学子，就具备了以一己言行潜移默化众多学子的实际影响力。让我们不做只求利己的“流沙分子”，做那凝聚人心的大丈夫吧！

学思

一个人的语言表达与其思维模式、道德品性之间有怎样的内在关系？

尊重：太宗省悟难遍知

望之、堪本以师傅见尊重。

——《汉书·萧望之传》

说文

曾经有人批评“专家”：因为自己在某一方面是个专家，就误以为自己一通百通，在任何方面都是专家；抱持这种幻觉，挟着威力无比的话语权力，便有胆气随意评点和褒贬，导致外行指挥内行、内行四顾迷惘的局面。

人的精力是有限的，不可能在每个领域都能得心应手，都该一言九鼎。尊重内行，用好内行，是领导的素养之一。珍惜这份尊重，做好本职，则是下属应有的职业素养和应备的职业态度。

读典

天下之物，何能遍知

太宗谓太子少师萧瑀，曰："朕少好弓矢，得良弓十数，自谓无以加。近以示弓工，乃曰：'皆非良材。'朕问其故，工曰：'木心不直，则脉理皆邪。弓虽劲而发矢不直。'朕始寤向者辨之未精也。朕以弓矢定四方，识之犹未能尽，况天下之物，何能遍知乎！"

——选自《通鉴·唐纪八》

不善反省数遭免

高祖常有敕而中书不时宣行，高祖责其迟，瑀曰："今皇基初构，事涉安危，远方有疑，恐失机会。比每受一敕，臣必勘审，使与前敕不相乖背者，始敢宣行。"瑀见事有时偏驳，而持法稍深，颇为时议所少。

房玄龄、杜如晦既新用事，疏瑀亲封伦，瑀心不能平，遂上封事论之，而辞旨寥落。太宗以玄龄等功高，由是忤旨，废于家。俄拜特进、太子少师。

太宗常谓瑀曰："朕欲使子孙长久，社稷永安，其理如何？"瑀对曰："臣观前代国祚所以长久者，莫若封诸侯以为盘石之固。封建之法，实可遵行。"太宗然之，始议封建。寻坐与侍中陈叔达于上前忿诤，声色甚厉，以不敬免。明年，征授御史大夫。

与宰臣参议朝政，瑀多辞辩，每有评议，玄龄等不能抗。玄龄、魏徵、温彦博尝有微过，瑀劾之，而罪竟不问，因此自失。由是罢御史大夫，不复预闻朝政。

——选自《旧唐书·萧瑀传》

解惑

萧瑀，字时文，其出身显贵，父亲是南朝梁明帝萧岿，隋炀帝皇后萧氏是他亲姐姐，曾与唐太宗父亲李渊同为隋朝大臣。他不贪财好利。身为隋臣时，田宅很多，后这些田宅被唐高祖李渊分赐给功臣；萧瑀归唐后，李渊将田宅归还给他，他却将其全部分给宗族，自己只留下宗庙一座，以作祭祀。唐王朝建立后，因为萧瑀对隋朝的礼仪制度很熟悉，所以高祖李渊把国典朝议制定工作全部交给他办。萧瑀办事兢兢业业，非常勤勉，有时一次就奏"便宜"数十条，差不多全被采用。李渊对萧瑀的才干很是欣赏，曾亲自下手诏表扬他，并且赏给他"黄金一函"。李渊朝堂听政也特准萧瑀坐在御榻上，每次都呼唤他为"萧郎"，二人关系非常融洽。

选段一的大意是唐太宗对太子少师萧瑀说："我年轻时喜欢弓箭，得到好弓十多张，自以为没有比这些更好的。近日把它们给弓匠看，他们说：'都不是好材料。'我问其中的缘故，工匠说：'如果木头的纹理不直，脉理就不正。弓虽有力而发出的箭不直。'我才明白从前辨别弓箭好坏不够精通。我凭借弓箭平定四方，对它的认识仍然不透彻，何况天下事物，怎能普遍知晓呢！"

语段记叙的是唐太宗在与大臣萧瑀议政时的一段感慨，从中，我们可以看到唐太宗极其宝贵的政治品质与智慧。

唐太宗幼年时，受过系统的儒家教育，这使他后来通晓经、史。同时，李氏家族具有强烈的北方民族传统，太宗在青少年时代尤重骑射，勇敢而富有军事才能，多次随父亲出征，平服多次叛乱和入侵。因为他酷爱并擅长骑术，以致他生前装饰自己陵墓时，壁画所绘的也是他所喜爱的六匹骏马的浮雕，现在仍然被保存着。

唐太宗与时任太子少师萧瑀的对话正是围绕弓箭来说的。萧瑀忠心事主，办事认真，克勤克俭。有一次，李渊下发一道诏书，但萧瑀阅后，发现政令中有不周之处，即压下不发。李渊起初很是恼火，要追查失职者的责任，这时，萧瑀解释其中缘由："我原来在隋朝的时候，看到过内史宣读皇帝的诏书，有时候，前后矛盾的内容，让下属官吏无所适从。现在大唐初立，好多事情都要慎重，以免引起不必要的麻烦。当您的一道命令下达后，我一定会对照检查以前的命令，看看有没有矛盾的地方，对一个附属国的政策前后有没有对立的地方，然后，才敢宣行发布，这些都需要时间。"李渊转而十分满意，赞赏道："你能够这样用心，我还有什么可担忧的呢!”

萧瑀是一个治国能手,施政经验丰富,也很有成效。但是,由于他秉性耿直狷介,难以容人之短,因此,在议论政事时常与同僚发生争执,即使在太宗面前也时常表现出对其他人的出言不恭。就连唐太宗的重臣房玄龄等人一有过失,他也不给情面,往往痛加弹劾,甚至指责“玄龄辈朋党盗权”,言语间明显有自恃忠良、贬低他人之嫌。李世民曾多次劝告,他则不以为然,于是其宰相之职也数遭罢免或降职。

萧瑀治政偏于严厉,“持法稍严”,引起一部分官员的不满,他们联合起来告御状。但是,唐太宗任用萧瑀并不以其性格上的缺点而将他搁置一边,也不为部分大臣的怨言情绪所左右,他十分尊重其丰富的行政经验和廉洁耿直的品质,所以,在贬斥萧瑀一段时间后,太宗总是让其复职。

对于萧瑀,唐太宗曾经感慨地对房玄龄说:“此人(萧瑀)不可以厚利诱之,不可以刑戮惧之,真社稷臣也。”唐太宗还专门赐给他一首诗,以“疾风知劲草,板荡识诚臣”,给予他高度的评价。唐太宗征伐高丽时,任命萧瑀为洛阳宫守,把守护老家的任务委托于他,显示了对萧瑀的高度信任。话又说回来,如果萧瑀不幸遇到的是一个昏君呢?或者他遇到的是一个溜肩膀不肯承担应担之责的上级呢?结局可能会非常悲惨。这样的例子,也是史不绝书的。因此,我们在赞扬他忠诚、能干的同时,对他的有些表现,还应当引以为戒。比如,他数遭罢免或降职,却仍然不肯修身炼德,相比起太宗来,其反省和管控自我的智识、触类旁通的学习能力未免差了一大截。

明鉴

唐太宗给我们的三点启发

本节选用的第一个语段取材于《资治通鉴·唐纪八》。《资治通鉴》常简作《通鉴》,是由北宋司马光主编的一部多卷本编年体史书,共294卷,历时19年完成。它主要以时间为纲、事件为目,涵盖16朝1362年的历史。《资治通鉴》是我国第一部编年体通史,在官修史书中占有极重要的地位。

司马光，就是那个家喻户晓的砸缸故事里的冷静智者。司马光历仕仁宗、英宗、神宗、哲宗四朝，为人温良谦恭、刚正不阿，其人格堪称儒学教化下的典范。他因反对王安石施行变法，离开朝廷15年，结果倒用这段时间，主持编纂了中国历史上第一部编年体通史《资治通鉴》。

唐太宗确实不愧是一代英明的君主，从他对往事的追叙中，我们至少可以得到三点收获：

1. 内行不等于就是高手

唐太宗感慨自己虽多年使用弓箭，却不能精通和辨别弓箭的好坏，他肯定会想到，一个人要能从平凡的生活经历、社会现象中不断发现和揭示规律，这是一件多么不容易的事。弓矢漂亮只是其表象，唐太宗过去对所藏弓矢的认识始终是一种感性和表象的认识，难免于认识片面肤浅、真伪混杂，如果没有科学的思维方法，不善于进行科学的分析总结，他对所藏弓矢的认识就始终不能上升为正确的理性认识。由此可见，探寻规律是一个长期性工程，是“去粗取精、去伪存真”的过程，是认真观察、思考、分析的过程。不细心观察、用心思考，光凭感觉和直观，我们充其量只能了解事物的皮毛，不可能发现和掌握事物的规律。

唐太宗触类旁通，由此及彼，由弓矢之事联想到世间万事万物，联想到深刻的治国道理。他感慨大千世界之大，蕴含的道理之丰富复杂，使用弓矢是自己熟悉的领域，而许多领域自己至今也许从未涉足，因此，非善于观察和思考，非虚心学习，就不可能洞察体悟其中的世事规律。学无止境，发现和揭示事物的规律也无止境。

《礼记·大学》里说，“物有本末，事有终始”（始、终即是因、果），“知所先后，则近道矣”，“……物格而后知至”（事物被区格辨别而智慧才能获得），“……其本乱而末治者否矣。其所厚者薄，而其所薄者厚，未之有也。此谓知本，此谓知之至也”。分析明辨，辨明事物的轻重、先后、因果、善恶等诸方面，推究事物原理法则，总结为理性知识，指导自己的言行思考，是应对“吾生也有涯，而知也无涯”的有效法宝。

2. 专才不等于也是通才

术业有专攻，一个人不可能样样通，要虚心学习、求教，才能有所长进。纵使他是一代皇帝，并且是千古一人的唐太宗，也不例外。在这一点上，唐太宗显得非常明智，他并不因为自己是权力至高无上的皇帝，便因此刚愎自用、自以为是，甚至指鹿为马——而果真唐太宗执意这样做的话，朝廷中也未必没有阿谀的大臣。我们可以想象，肯定会有臣子跳出来，指责弓箭匠“妖言惑众、蛊惑人心”，而夸赞唐太宗珍藏多年的弓箭质地是如何了不得，其他任何良弓在它们璀璨夺目的光芒下也会黯然失色。然而，历史上的唐太宗头脑是异常清醒的，他很有自知之明，知道在识别弓矢的问题上，他技不如弓矢匠，断言良弓好坏，归根到底还是要听弓矢匠的。想象中的荒唐剧终究没有上演。在治理国家时，他在群臣面前也是采取谦恭下士的态度，渴望学习，尽力征求他们的意见，接受他们的坦率批评，所以，他和群臣之间形成了真正和衷共济的局面。

但是我们的文化基因里确然有一种“专才就是通才”的错误认识。这种错误认知到今天也还能看到。有的人，在单位里做了个什么长，或者在专业上评到了某某级，就觉得自己天赋异禀，什么都会，各方面都必定比别人强，凡发表意见就得一言九鼎，一呼百应。用他的那一把尺子衡量所有人，得出别人都不行、都不如他的结论。因此，位置越高，越需要头脑清醒，懂得谦虚，尊重“术业有专攻”的规律。同时，在调配人力资源的时候，也要能做到知人善任。

3. 社会需要协作

人有不会或不擅长的事情，非常正常，虚心向会的人请教就可以了。不能囿于身份、年龄、面子之类，端着装着，那样，既得不到进步，也难为别人真心敬重。

一件事，如果你不会或不擅长，你就得信任会的人。一件事，就算你自己很懂很在行，也仍须与别人协作。唐太宗在用弓矢的过程中懂得弓矢，但他毕竟另有更重要的事情要做，因此他不可能去制作弓矢、鉴定弓矢质量、售卖弓矢、培训别人制作弓矢。这些事情的实际操作者，当然比唐太宗本人要更专业。

商业社会里，凡事讲求协作。自己不擅长的事情，如果有人擅长，不妨把事情交给他做，而留出宝贵时间，培养和发扬自己的专长。这样大家都有专长，大家都能协作，社会的总体运行效率和效益就大大提高了。

当今科技发展迅猛，在许多方面，学生都比我们老师懂得多，而且学生人数远超教师数量，他们彼此之间沟通信息、交流心得，其接触面比老师广，信息源比老师多，吸收消化能力比老师强，因而进步起来也比老师快。在这些方面，我们完全应该多向他们讨教，师生协作，才能各取所需、各补所短，实现非学科意义上的教学相长。

唐太宗用人如此，如同他努力透过弓矢的表象而欲探求其本质规律一般，充分显示了他用人看其根本、用其所长的特点。

师说

教师永远是一个学习者。善于学习者，莫不善于格物致知，达到学习的自由境界。反之，吃一堑不长一智，撞破南墙也不知回头，似乎学习得很勤苦，却没有什么长进，则跟他不会触类旁通有极大关系。

正所谓“尺有所短，寸有所长”，一个人不可能全知全能。我们既不可妄自菲薄，也应该自量知趣，秉持“三人行，必有我师焉”的信念与态度，尊重他人，以他人为镜，“择其善者而从之，其不善者而改之”，充分借助他人的专长与智慧，让适宜的人做适宜的事，成就他人，完善自我。

学思

“阿喀琉斯之踵”譬喻了这样一个道理：即使是再强大的英雄，也有致命的死穴或软肋。那么，人该怎样减少由此而来的危害呢？

公正：董唐公正而有情

上公正则下易直矣。

——《荀子·正论》

为人淳厚，笃于故旧，然性公正，不可交以私。

——《汉书·循吏传》

说文

中国古代法律制度始于夏朝，近代意义的法律体系出现在清末。1979 年春天，彭真受命和他的立法“苦力班子”一起，在 3 个多月时间里制定出 7 部法律，推开了尘封已久的“法律之门”。2014 年 10 月 24 日，时值党的十八届四中全会闭幕，《人民日报》发表评论员文章，题为《让法治成为国家信仰》。

把法治提到“国家信仰”的高度，是因为法治于人就如同空气，你可能不会时时刻刻意识到它的存在，可一旦缺少就立刻窒息。当越来越多的人在法治的护佑下感受着畅快的呼吸，法治才能成为内心时时恪守的律令。

诚然，每个城市乃至乡村的所有人类聚落，都是人情社会。亦即所有社会都会讲人情，只是程度高低不同，人情是否能够凌驾于法律、契约、规则之上的不同，以及“明规则”体系的健全度不同。

可是，要有多少条法律才能“法网恢恢，疏而不漏”？要有多少条法律才能管理好一个区域、一个国家？这问题恐怕没人能说得清。管理社会，依靠的是情、理、法的共同作用，三者缺一不可。

需要智慧的是公正和有情之间度的把握。从古人董槐和唐临的案例中，我们可以得到一些启发。

读典

董槐为官求公正

董槐，字庭植，濠州定远人。少喜言兵，阴读孙武、曹操之书。槐貌甚伟，广颡而丰颐，又美髯，论事慷慨，自方诸葛亮、周瑜。父永，遇槐严，闻其自方，怒而嘻曰：“不力学，又自喜大言，此狂生耳，吾弗愿也。”槐心愧，乃学于永嘉叶师雍。

嘉定十四年，起为广德军录事参军，民有诬富人李桷私铸兵结豪杰以应李全者，郡捕系之狱，槐察其枉，以白守。守曰：“为反者解说，族矣。”槐曰：“吏明知狱有枉，而挤诸死地以傅于法，顾法岂谓诸被告者无论枉不枉，皆可杀乎？”不听。顷之，守以忧去，槐摄通判州事，叹曰：“桷诚枉，今不为出之，生无由矣。”乃为翻其辞，明其不反，书上，卒脱桷狱。绍定三年秋，权通判镇江府。至州，会全叛，涉淮临大江，大府急发州兵。槐即日将兵济江而西，全遁去，乃还。嘉熙元年，出知常州。后三日，提点湖北刑狱。常德军乱，夜纵火而噪。槐骑从数人于火所，且问乱故。乱者曰：“将军马彦直夺吾岁请，吾属将责之偿，不为乱也。”槐坐马上，召彦直斩马前，乱者还入伍中。三年，知江州。秋，流民渡江而来，归者十余万，议者皆谓："方军兴，郡国急储粟，不暇食民也。"槐曰："民，吾民也，发吾粟振之，胡不可?"至者如归焉。淳祐二年，主管江西安抚司公事，视其赋，则吏侵甚，下教曰："吾莅州，而吏犹为盗不自悔，吾且诛之！"吏乃震恐，愿自新。槐因除民患害，裨将卢渊凶猾不受命，斩以徇师，军中肃然。帝日乡用槐，槐言事无所隐，意在于格君心之非而不为容悦。帝问修太乙祠，则对曰："土工洊起，民罢于征发，非所以事天也。"帝问边事，对曰："外有敌国，则其计先自强。自强者人畏我，我不畏人。"槐每奏，帝辄称善。

景定三年五月二十八日既夕，天大雨，烈风雷电，槐起衣冠而坐。麾妇人出，为诸生说《兑》《谦》二卦，问夜如何，诸生以夜中对，遂薨。

——选自《宋史·董槐传》，有删改

唐临为政法有情

唐临，京兆长安人，周内史唐瑾孙也。其先自北海徙关中。伯父令则，开皇末为左庶子，坐谄事太子勇诛死。临少与兄皎俱有令名。……出为万泉丞。县有轻囚十数人，会春暮时雨，临白令请出之，令不许。临曰："明公若有所疑，临请自当其罪。"令因请假，临召囚悉令归家耕种，与之约，令归系所。囚等皆感恩贷，至时毕集诣狱，临因是知名。

再迁侍御史，奉使岭外，按交州刺史李道彦等申叩冤系三千余人。累转黄门侍郎，加银青光禄大夫。俭薄寡欲，不治第宅，服用简素，宽于待物。尝欲吊丧，令家僮自归家取白衫，家僮误将余衣，惧未敢进。临察知之，使召谓曰："今日气逆，不宜哀泣，向取白衫，且止之也。"又尝令人煮药，失制，潜知其故，谓曰："阴暗不宜服药，宜即弃之。”竟不扬言其过，其宽恕如此。

高宗即位，检校吏部侍郎。其年，迁大理卿。高宗尝问临在狱系囚之数，临对诏称旨。帝喜曰：“朕昔在东宫，卿已事朕，朕承大位，卿又居近职，以畴昔相委，故授卿此任。然为国之要，在于刑法，法急则人残，法宽则失罪，务令折中，称朕意焉。”高宗又尝亲录死囚，前卿所断者号叫称冤，临所入者独无言。帝怪问状，囚曰：“罪实自犯，唐卿所断，既非冤滥，所以绝意耳。”帝叹息良久曰：“为狱者不当如此耶！”

永徽元年，为御史大夫。明年，……寻迁刑部尚书，加金紫光禄大夫，复历兵部、度支、吏部三尚书。显庆四年，坐事，贬为潮州刺史。卒官，年六十。

——节选自《旧唐书·唐临传》

解惑

董槐务求公正

董槐（？—1262 年），字庭植，南宋濠州定远（今安徽定远）人。他相貌魁伟，宽额丰腮，留有美须，与人谈事论物时，总是慷慨陈词，气宇轩昂。

董槐年少时即有远大志向和抱负。他小时候喜欢谈论军事，私下里读过孙武、曹操的书，便把自己比作诸葛亮和周瑜。父亲董永希望他是一个务实求真的人，在听说董槐自比诸葛亮和周瑜后，便教育他说：“不努力求学，又喜欢自吹说大话，这不过是个狂妄的书生罢了，不合我的心愿呀。”良好的家庭教育给董槐印象很深，他很受教育，深感羞愧，决心在实现理想的道路上更加务实勤恳，于是拜师求学，于嘉定六年（1213 年）考中进士。

长大后为官一方，董槐历任广德军录参军、镇江府通判、户部侍郎、宝章阁直学士、福州知州及福建安抚使、参知政事，直至拜右丞相兼枢密使等 30 多个官职，爵位也由封子、封男到封侯、封公。他一生始终铭记着父亲的教诲，为官则勤政清正，政绩卓著，朝野闻名。他的事迹在史书《宋史·董槐传》《续资治通鉴》和许多地方志中都有重要记载。

《宋史·董槐传》选文，所述便是他为官爱民、务求公正的事迹。董槐为官爱民、务求公正，缘于他一切从事实出发，不让法律冤枉一个好人。嘉定十四年，董槐被朝廷起用做广德军录事参军，有人告发有钱人李桷私自铸造兵器、结交豪杰来响应叛乱。郡守逮捕了李桷并把他押在牢中，董槐察访出他有冤情，就向郡守报告。郡守说："替反叛者解脱说情，是要灭族的。"董槐坚持认为，执行法律应当尊重事实、正视事实。在其临时代理州里政事的时候，他果断地为李桷翻案，最终使李桷释放出狱。

董槐为官爱民、务求公正，缘于他仔细调查研究，善于透过现象看本质，而处事则当机立断。对触犯法律的，纵使是当官者，他也严明执法，严惩不贷。嘉熙元年，董槐在湖北掌管刑狱之事，其时，李全的叛乱尚未平息，社会动荡而不稳定，而驻守常德的部队士兵半夜里纵火骚乱，更给当地形势带来了不安定的因素。董槐轻衣简从，赶赴现场，询问原因。在经过调查得知是将军马彦直占取士兵军饷、兵士催促偿还而非作乱时，他召来马彦直，问明实情，将其斩于自己的坐骑前，从而使骚乱迅速得以平息，社会恢复稳定，一场可能酿就的动乱在董槐的秉公处理下很快平息。

董槐为官爱民、务求公正，缘于他有一颗爱民之心、一种怜悯情怀。嘉熙三年，董槐任江州知府。这一年，旱蝗交加，庄稼歉收，哀鸿遍野。秋季，十几万难民渡江来求活路，董槐的许多部下认为粮食不多，不能接纳，有人甚至提出拦江拒民。可是，董槐坚决不同意，他坚持认为："百姓，是我们的百姓。发放我们的粮食救济他们，有什么不可以？"于是开仓放粮，救济百姓，解了灾民的粮荒之急，使之得以重返家园。淳祐二年，董槐主管江西安抚司公事，观察那里收的赋税，发现被小吏侵占的情况十分严重，他于是晓以利害，使小吏们受到震慑，愿意改邪归正，百姓的赋税得以减轻。皇帝向他询问修建太乙祠的事，他坦然表明自己的态度："土木工程再度兴起，百姓被征集调遣搞得疲惫不堪，这不是用来侍奉上天的做法。"董槐心系百姓，使他赢得了民心，也为他公正执法创造了必需的民众基础。

除上述几则事例外，董槐为官公正爱民的事例还有很多。

董槐死后，被赠为太子少傅，谥号文清，墓前栽有一片槐树林。如今，"爱民槐”的故事还一直在其家乡的老百姓中间传诵着。

董槐为官爱民、务求公正，这带给我们很多启发。为官者不以权谋私、廉洁不贪非常重要，同时，还应用好手中的权力，真正为百姓办事，守住一方正义。只有这样的官员才是真正为民、真正造福于老百姓的官员。

唐临其人其事

唐临（约 601—约 660 年），字本德，京兆长安（今陕西西安）人，是北周内史唐瑾的孙子。他在少年时便与哥哥唐皎一起颇有善名，为世人称道。唐临在世时曾先后担任万泉县丞、侍御史、大理卿、御史大夫、吏部尚书等职，其“在官简肃”，“甚为时所称”。

唐临为人俭薄寡欲，不治宅地，服用简素，以仁爱、体恤、宽厚为怀。即使是对家僮和侍者，他也以平等人格视之。有一次，唐临想去给友人吊丧，让家僮回家取丧服，结果家僮却因没听清楚，拿回来的不是丧服，因此不敢进屋去见唐临。唐临估计再让家僮回家取丧服，来来去去，时间上已经来不及，而不穿丧服前去吊唁，显然与礼节不合，他没有责怪家僮，而是另作解释：“今天天气不宜哀泣，还是暂且不取丧服了。”还有一次，唐临叫侍者煮汤药，结果侍者出了差错，没有把药煮好。唐临假装不知，对侍者说：“今天天气晦暗，不宜服药，不如倒掉煎好的药。”在等级森严的封建社会，家僮、侍者与主人的尊卑关系非常严明，唐临善解人意，设身处地，为家僮、侍者解除尴尬和困窘，足见其宽厚为怀。

唐临的可敬之处还不仅仅在于其对家僮和侍者的仁爱、体恤和宽厚，历史上的唐临还让我们目睹并尊敬其为官有道。一方面，他坚持法度，有法必依，循章处事；另一方面，他又亲民爱民，让法律在严明实施的过程中，同样充满温情和人性。

唐临以虔诚、严谨的态度面对法制，执法必公。史书记载他执法时“形如死灰，心若铁石”，表现了他执法如山、决不掺杂个人情感的坚定信念。

唐临任万泉县丞时，万泉县里有十几名罪行较轻的罪犯已经关押很长时间了。到了春暮农忙季节，这些人家里农事都很繁忙，如果让这些轻罪犯在农忙时节暂回家中帮忙，罪犯及其家人肯定会非常感恩戴德。于是，唐临向县令提议“请出之”。县令不同意，唐临还是坚信情感沟通在改造罪犯过程中的重要作用，他再次请求：“如果出现什么问题，由我承担全部责任。”后来，巧合的是，县令因病请假，唐临利用代理县政的机会,把这些囚犯暂放回家,并和他们约定,待县令回来之前,他们必须再回到监狱。囚犯们感其恩德,钦佩唐临的为人,到期果然不食言,全都回到狱牢中来。县城轰动,唐临声名远播。

唐高宗继位后,唐临被任命为大理卿。他处理讼狱案件,必求人证、物证等事实一应俱全,一旦认定罪证,必定严格执法,不徇私情。唐高宗曾亲自到京城监狱察看,目睹其他官员审理的案件中有不少罪犯鸣冤,唯独唐临审理的罪犯没有一个人表示冤屈。唐高宗甚感惊奇,查问原因,罪犯们回答:“唐大人审判公正,我们没有话说。”这件事给唐高宗留下了极其深刻的印象。

唐高宗永徽年间,唐临被提拔担任御史大夫。适逢华州刺史萧龄之被举报犯受贿罪,皇帝令大臣讨论治罪,朝臣中有很多人主张判萧龄之死刑,担任御史大夫的唐临认为审理案件应当周密、慎重行事,他上奏说:“罪疑惟轻,功疑惟重。”他还提出,国家太平时应该用中典,国家动乱时应该用重典。于是,萧龄之得以免死。

唐高宗曾经高兴地对唐临说:“治理国家重要的在于刑罚,用法太猛了,会草菅人命;用法太宽,则会放纵犯罪。你能够持平折中,十分符合我的心意啊!”

明鉴

董槐、唐临故事的现实意义

董槐也好,唐临也罢,作为封建时代的官员,他们有时执法如山,有时温情似水,其中的道理值得思考。

从某种意义上来说,现代社会的进步与发展在法律层面往往体现在高水平的文明执法上。法律条文是僵硬的,法律的结果是无情的,但是司法过程却可以是温暖的。法制文明既体现于法制严明,依法治国,依法行政;又体现在文明宽容,让生命和希望的曙光映照人间大地。全国十大优秀法官宋鱼水说:“伤害了一个当事人,就多了一个不相信法律的人,而维护了一个当事人的合法权益,就会增加一分人们对法律的信仰,对社会的信心。”在当今社会生活中,有一些人一朝得志,马上便把令来行,狐假虎威,甚至为虎作伥,究其根源,就在于这些人只注意到法律作为统治阶级武器巩固政权的属性,并且有意无意地放大了这种属性。

我们注意到，当前我国致力于社会主义和谐社会建设，在执法的文明度、人文关怀度方面已有很大进步。这从媒体报道的一则则感人新闻可以看出：一对夫妇因贩毒被判重刑，而负责侦办此案的警察们十年如一日地照顾着毒贩的幼子；11位法官联合承诺每人每年出资抚育一位被判死刑女囚留下的孤儿，直到该孤儿完成9年义务教育……再如，近几年北京、陕西等地，由当地民政部门筹集资金建设儿童村，收容父母均被判刑的儿童。这些都是人性化的举措，有效地体现了执法的宽严适度。法律无情人有情，在看似冰冷的法律中融入温情，可以更好地促使罪犯加强改造，走向新生。总之，当前，随着我国依法治国方略的提出，法律更注重过程的规范性和内容的民主化建设，人民群众的民主、权利意识不断增强，注重对权利主体的保护，温情化的法律成为现实可能，也成为围绕维护公平正义、构建社会主义和谐社会这一核心积极开展执法活动的客观要求。

师说

管理，需要从刚性的、见效快的制度入手，目的在于驯化和强化管理对象，通过制度控制行为。因此讲究执行力，注重工作流程，配套有程序文件和作业指南之类可见可操作的东西。

领导，则从团队建设、学习型组织建设入手，目的在于感化和教化领导对象，通过文化建设改变对象的内心，实现无为而治的状态。

管理靠制度，领导靠文化；管理讲科学，领导讲艺术；管理重过程，领导重结果；管理是要他做，领导是他要做；管理带来的是执行力，领导带来的是领导力。

但要想文化落地，第一步还得先法治落地。

业务技术能力强，不等于管理能力强，更不等于天然具备领导的艺术。因此，如何平衡好法治的公正和文化的有情，是需要教师、校长终身学习和修炼的内功。

教师对于学生而言，身份至少有两重，既是学生学业的引领者，也是学生道德行为的管理者、领导者。前者需要专业知识与技能，后者需要制度建设和文化建设。

学校领导对于教职工而言，其主要角色是管理者、领导者。而他在社会公众眼中，则首先是教师队伍中的一员，其次才是领导。无论普通教师还是学校领导，都有肩负管理、领导之责的一面。作为一个管理者、领导者，理想状态是对事无情，对人有情。

学思

在社会新闻中，“校园霸凌”已经不是一个罕见词汇了。您对制造“校园霸凌”者会怎样处理？期待您的思考和分享！

您所在的学校，执行的是弹性上班制还是刚性坐班制？您有急事时，请假方面有哪些规定？

严容：郈少卿循制容人

君子以容民畜众。

——《易·师》

说文

《说文》上说："容，盛也。"《汉书·五行志》上说："容，言宽大包容。"《荀子·解蔽》中还有"心容"等说法。

齐桓公曾经在麦丘这个地方遇到过一个83岁高寿的老人，他要求老人祝他长寿，老人于是说了三句话。其中第三句话，老人自认为最重要："无使群臣百姓得罪于吾君，亦无使吾君得罪于群臣百姓。……子得罪于父母，可因姑姊妹而谢也，父乃赦之。臣得罪于君，可因便僻之左右而谢也，君乃赦之。昔桀得罪于汤，纣得罪于武王，此君得罪于臣也，至今未有为谢者。"翻译过来，即不要让群臣百姓得罪了我的君王，也不要让我的君王得罪了群臣百姓。因为，儿子冒犯了父亲，可通过姑、姐、妹来开释，父亲于是饶过了他；臣冒犯君王时，可通过君王左右的亲近的人为臣开释，君王也就饶恕了他；但是过去桀得罪了汤，纣得罪了武王，这都是君得罪了臣的事例，到现在也没有为他们开释的人。

后世有议论说，齐桓公之所以称霸天下，不只因为军队，也不只因为管仲，还因为得益于这位老人的规劝。

这个故事，可见于《韩诗外传》《太平御览》《新序》《艺文类聚》等多部典籍中，影响巨大。我们也看到，历史上有德行的居上位者对待自己的下属确实比较不敢“得罪”。

读典

邴吉汉书美名传

邴吉字少卿，鲁国人也。为人深厚，不伐善。地节三年，立皇太子，吉为太子太傅，数月，迁御史大夫。后五岁，代魏相为丞相。吉本起狱法小吏，后学《诗》《礼》，皆通大义。及居相位，尚宽大，好礼让。掾史有罪臧，不称职，辄予长休告，终无所案验。客或谓吉曰：“君侯为汉相，奸吏成其私，然无所惩艾。”吉曰：“夫以三公之府有案吏之名，吾窃陋焉。”后人代吉，因以为故事，公府不案吏，自吉始。于官属掾史，务掩过扬善。吉驭吏嗜酒，尝从吉出，醉呕丞相车上。西曹主吏白欲斥之，吉曰：“以醉饱之失去士，使此人将复何所容？西曹但忍之，此不过污丞相车茵耳。”遂不去也。此驭吏边郡人，习知边塞发奔命警备事，尝出，适边郡发奔命书驰来至。驭吏因随驿骑至公车刺取，知虏入云中、代郡，遽归府见吉白状。未已，诏召丞相、御史，问以虏所入郡吏，吉具对。御史大夫猝遽不能详知，以得谴让；而吉见谓忧边思职，驭吏力也。吉乃叹曰：“士无不可容，能各有所长。向使丞相不先闻驭吏言，何见劳勉之有？”掾史由是益贤吉。吉又尝出，逢清道群斗者，死伤横道，吉过之不问，掾史独怪之。吉前行，逢人逐牛，牛喘吐舌。吉止驻，使骑吏问："逐牛行几里矣？"掾史独谓丞相前后失问，或以讥吉，吉曰："民斗相杀伤，长安令、京兆尹职所当禁备逐捕，岁竟奏行赏罚而已。宰相不亲小事，非所当于道路问也。方春未可大热，恐牛近行用暑故喘，此时气失节，恐有所伤害也。是以问之。"掾史乃服，以吉知大体。五凤三年春，吉病笃。薨，谥曰定侯。

——节选自《汉书·邴吉传》

羊斟受辱，华元败绩

将战，华元杀羊食士，其御羊斟不与。及战，曰："畴昔之羊，子为政；今日之事，我为政。"与入郑师，故败。君子谓羊斟非人也，以其私憾，败国殄民，于是刑孰大焉？《诗》所谓"人之无良"者，其羊斟之谓乎！

——选自《左传·宣公二年》

鞭责部下，张飞取祸

初，飞雄壮威猛，亚于关羽，魏谋臣程昱等咸称羽、飞万人之敌也。羽善待卒伍而骄于士大夫，飞爱敬君子而不恤小人。先主常戒之曰："卿刑杀既过差，又日鞭挝健儿，而令在左右，此取祸之道也。"飞犹不悛。先主伐吴，飞当率兵万人，自阆中会江州。临发，其帐下将张达、范强杀之，持其首，顺流而奔孙权。飞营都督表报先主，先主闻飞都督之有表也，曰："噫！飞死矣。"追谥飞曰桓侯。

——选自《三国志·蜀书·张飞传》

解惑

循制处事

在邴吉的一生中，保全幼年宣帝性命、护佑其成长，并将宣帝扶上皇帝宝座，这一件事固然是其政治生涯中极其辉煌的一笔，但他留给后人极其宝贵的为人财富则是其循制处事、容人用长。

邴吉胸怀全局，办事有章法，循制处置。他担任丞相时，有人批评他"君侯为汉相，奸吏成其私，然无所惩艾"。邴吉回答说："用三公之府查处下属官员的名声，我认为不好。"殊不知，邴吉处事极有法度，遇事不大包大揽，而是"职有专司"，这是清明政治、法制社会的核心，正是循此为前例，汉代三公之府不直接查处下属官员，从邴吉开始而形成惯例。

成语"邴吉问牛"便典出他的另一件逸事。身为丞相，需要日理万机，然而，作为一个贤相，还必须抓大放小寻根本，从而制定出于国于民都有利的大政方针来。

有一次，邴吉外出，在路上正好遇上群斗，死伤的人横七竖八地躺在路上。邴吉从那儿经过时却不闻不问。同行官员觉得很奇怪，又不敢问他，只得陪同往前走。到了另外一个地方，他见到有人赶着一头牛，这头牛走得气喘吁吁，热得直吐舌头。这时，邴吉却让车子停下来，派侍卫问赶牛的人："你赶这头牛走了几里路了？"

随行官员认为"丞相前后失问，或以讥吉"，邴吉意味深长地对他们说："百姓相斗而死伤了人，管这种事是长安令、京兆尹等官员的职责，应由他们派人去抓捕、审理。到年终丞相只负责考核他们的政绩是优还是劣，根据考核的结果奏明皇上对他们进行奖赏或惩罚就是了。"他解释见"牛喘吐舌"而过问，这是因为，"现在正是春天，天气不应该太热，我怕那头牛喘得那么厉害，是因为太热了。若是春天就那么热，那是时令失调，不符合节气的征兆。气候反常对农作物和人都可能带来灾害。我身为丞相，是朝廷百官之首，我的职责就是要使国家风调雨顺、国泰民安。只要是有关这方面的情况，我都要负责争取预先搞清楚，才能做到心中有数"。

不越俎代庖，不遇权即揽，循制处事，邴吉显然是对的。

宋师败绩，获宋华元

选段二说的是春秋时期，宋晋结盟，引起了楚国的强烈不满。公元前607年，楚庄王命他的盟国——郑国去讨伐宋国。

将要打仗的时候，宋国统帅华元为鼓舞士气，杀羊给士兵吃，但是华元的车夫羊斟没有吃到。到了打仗的时候，羊斟说："之前吃羊肉的时候，你说了算；今天的事，我说了算。"他驾着车同华元一起冲到郑国的军队中，所以打了败仗。君子（左丘明）说羊斟不是人。因为他的个人怨恨让国家遭受败仗、人民受到祸患，对于这样的人，还有什么刑罚能足以惩处他呢？

后世有人演绎这个故事，使之在细节上更丰富了，说当大家吃着美味的羊肉，喝着上好的米酒，上下一片欢腾的时候，一位副将问华元："怎不见您的车夫羊斟呢？"华元不屑地答道："一个赶车的，打仗又不靠他，让他来做什么！这事儿我心里清楚，你不必操心！"

宋、郑决战开始后，华元坐在羊斟赶的战车上指挥着全军。郑、宋势均力敌，难分胜负，华元命羊斟把战车赶向敌军力量最薄弱的地方。可是，羊斟却挥鞭而驰，把战车赶向了郑军最密集的地方。华元惊呼："你往哪里去？"羊斟恨恨地说："日前分吃羊肉，由你做主；今天的事儿，可得由我做主了。"

人们根据羊斟的话引申出成语"各自为政"，表示同一阵营内部，各人按自己的主张办事，不顾整体，也不与别人配合协作。羊斟这样的人，残民以逞，理当被钉在历史的耻辱柱上。

张飞酒醉

张飞在阆中镇守，闻知关公被害，旦夕号泣，血泪濡湿衣襟。诸位将领以酒劝解，张飞酒醉后，怒气更大。帐上帐下，只要士兵有过失就鞭打他们，以至于多有被鞭打致死的。刘备知道后，就劝他，你鞭打士兵，还让这些士兵随你左右，早晚都要取祸的；对待士兵，平常应该宽容。有一天，张飞下令军中，限三日内置办白旗白甲，三军挂孝伐吴。次日，帐下两员末将范强、张达，入帐告诉张飞："白旗白甲，一时无可措置，须宽限才可以。"张飞大怒，喝道："我急着想报仇，恨不得明日便到逆贼之境，你们怎么敢违抗我作为将帅的命令！"就让武士把二人绑在树上，每人在背上鞭打五十下。打完之后,张飞指着二人说:“明天一定要全部完备! 如果违了期限,就杀你们两个人示众!”二人回到营中商议。范强说:“今日受了刑责,让我们怎么能够筹办? 这个人性暴如火,如果明天置办不齐,你我都会被杀啊!”张达说:“比如他杀我,不如我杀他!”范强说:“只是没有办法走近他。”张达说:“我两个如果不应当死,那么他就醉在床上,如果应当死,那么他就不醉好了。”二人商议停当。张飞这天夜里又喝得大醉,卧在帐中。范、张二人探知消息,初更时分,各怀利刃密入帐中,就把张飞给杀了。当夜,拿着张飞的首级,逃到东吴去了。

张飞军营都督送表给刘备,刘备听闻后不由得叹道:“噫! 飞死矣。”追谥张飞为桓侯。

明鉴

容人用长

在汉语成语词汇中,“醉吐相茵”“邴吉问牛”“掩过扬善”“绝口不道”都与汉朝中兴重臣邴吉的逸事相关。

醉吐相茵: 喻指宽以待人必然会有好的回报。

邴吉问牛: 指看到牛的异常想起天气变化,赞扬官员关心百姓疾苦。

掩过扬善: 指对待别人讳言其过恶,称扬其好处。同“掩恶扬善”。

绝口不道: 指闭口不谈。“吉为人深厚,不伐善,自曾孙遭遇,绝口不道前恩,故朝廷莫能明其功也。”

这么多的成语都与邴吉其人直接关联,且都是作褒义的评价,由此可见,在古人眼中,邴吉其人确实非同一般。

“容人”和“用长”让我们看到了邴吉的另一面。

在邴吉担任丞相的五年中,一直崇尚宽大,遇事礼让,关怀爱护下属官员,使丞相府官员上下同心为朝廷尽职。邴吉对犯有错误的官员也不是一棍子打死,总是尽量掩过扬善,给他们改正错误的机会。如在他的丞相府中,有一名“掾史有罪臧,不称职”,邴吉不是粗暴地把他斥退罢官了事,而是让他采取请长假的办法离职,后来也并未深究案情,事情得到了人性化的处理结局。

邴吉对身边的仆人也极为宽大，从不因小过而责难他们。成语“醉吐相茵”中的马车夫偶因嗜酒“醉呕丞相车上”，邴吉并未责怪他，而是对负责的西曹说：“因酒醉的失误而赶走士，让这人将在何处容身？西曹只管容忍他，这只不过是玷污了丞相车上的垫褥罢了。”马车夫被他宽宏大度的精神所感动，平时尽心尽力侍候丞相，急丞相之所急，想丞相之所想，在关键时刻起到了预想不到的作用。

一天，马车夫外出，看见从边境方向来的驿者（传送情报的人）手里拿着赤白囊、带着紧急文告，匆匆忙忙地向宫门走去。马车夫很有心，揣度边境一定告急。他马上想到这是丞相管辖的国家大事，应为丞相效力。于是，他及时地向邴吉报告所了解到的边关重要军情，邴吉提前得知信息，于是立即召集东曹（主管任免高级官员），仔细地逐人逐条查阅边境长官的档案和边境其他的材料。不一会儿，皇帝果然召见丞相、御史大夫，向他们通报边境情况，询问守边官吏情况。邴吉因事先早有准备，所以回答得准确清楚，受到了赞扬。

邴吉感叹地说：“要能容纳各种人，他们都各有所长。假如不是马车夫先向我报告听到的情报，我怎么能知道呢？又怎么会得到皇帝的嘉勉呢？”

宽容而容人，用人用其长，邴吉以独特的人格魅力，为汉朝中兴作出了积极贡献。在邴吉任丞相期间，朝廷上下职责分明，运行有序，政务处理井井有条。在邴吉等一批良臣的辅佐下，汉朝出现了汉宣帝年代“昭宣中兴”的盛世景象。班固称其“君臣相配”，《后汉书》中说“近观汉相，高祖开基，萧、曹为冠，孝宣中兴，邴、魏有声”，把邴吉、魏相与萧何、曹参并列。

各自为政的惨痛教训

华元与羊斟“各自为政”给我们的教训是惨痛的：每个人都有自己的位置，自己的职责，即使是看似人微言轻的小人物都有能够发挥重要作用的时候。在历史上，不可一世的大人物们固然能够深刻地影响历史的走向，但是小人物在把握了历史机遇以后，也能够一定程度上扭转局势，甚至改写历史！

这倒不是我支持羊斟们，而是就华元开罪羊斟这件事来说，我想到了一句古语：宁得罪君子，不得罪小人。得罪君子，君子即使要报复，也是光明正大的，而得罪小人，他无德无底线，他的报复会非常阴狠毒辣。

华元如果能重视细节，关注到小人物，本来也是可以避免败局的。我想到了另一句古语"宁漏一村，不漏一家"，说的是在分派利益、情感等一切美好东西的时候，哪怕是微不足道的一点点好东西，宁可漏分给一整个村庄的人，也不能独独漏掉村中的某一户人家。因为这对被漏掉的一户来说，太难堪了，被孤立和被拒绝的心理感觉将会非常强烈，那就将会不利于分派者后续办事和做人。当然，这两句古语背后，一是透露出人们对小人的蔑视，二是反映出人们对小人的无奈，三是折射了人们对小人的纵容与包庇。

小处招祸

选段三记载了另一件因未能善待身边小人物而招来祸患的事。按经过演绎的故事的说法，张飞取祸，缘于他布置了一件非常难办的事，却要凭自己官大几分，强要两个下级如期完成，下级争辩几句，他便痛打一顿，还威胁要杀这两人，因此取祸完全是他一错再错的结果。

这个故事给我们的教训有二：一是并非有态度有激情就一定能办得成事，要管理和节制自己的情绪，也要"让听得见炮声的人指挥战斗"；二是即使对人有生杀予夺之权，也仍需忌讳意气用事，而应该允许对方解释，咨诹善道，察纳雅言。

师说

教师能否言谈举止间表现出对人的善意和尊重，不是靠"礼仪教育"之类的东西养成，而是关乎内心深处的自我定位和对他人是否有同理之心。把自己看得很了不起，就会把别人看成草芥；只顾着以自我为中心，就会忽略别人细致的变化着的感受。

我们看看李嘉诚先生如何请人吃饭。李嘉诚请的人中有的名气大些，有的小些甚至暂时还没名气，年龄、资历都比他浅。但是，电梯一开，李嘉诚先生站着跟被请的客人握手，发名片，同时递过来一个盘子，让客人抓阄。原来，盘子里有号，拿名片顺便抓个号，这个号决定你吃饭的时候坐哪桌，照相的时候站哪里，为的是让大家避免尴尬。饭前客人请他讲几句，他作了"创造自我，追求无我"的发言，讲完了普通话又用广东话讲一遍，之后发现还有老外，就用英文再讲一遍。吃十几分钟的时候，李嘉诚先生站起来说抱歉要到那边坐一下。这时人们才发现，四张桌子，每个桌子都多放了一副碗筷，他每个桌子都坐。一个小时的吃饭时间，他四个桌子轮流坐，而且几乎都是15分钟。结束之后他没先走，逐一跟大家握手，在场的每个人都要握到，墙角站着一位服务员，先生专门跑到那和他握手。于是客人们感叹：李先生做人做事这样周到细致，他不成功谁能成功？

香港大学校工袁苏妹没有上过大学，不知道什么是“院士”，也没做什么惊天动地的大事，只是44年如一日，用心、用情为学生做饭、扫地，深深地感动了学生。学生说“她就像我们的妈妈一样”。2009年9月，香港大学全票通过授予她“荣誉院士”，称她“以自己的生命影响大学堂仔的生命”，是“香港大学之宝”。香港大学此举，不说人格平等，不说各行业均值得尊敬，却已经都做到了。校庆时，早已学有所成的校友们对袁苏妹也尊崇有加。香港大学的教育，呈现出这样温暖的充满爱和尊重的内涵，也很值得我们学习。

学思

很长时间以来，社会上流行这样一句话：性格决定命运，细节决定成败。您对这句话认同吗？期待您的思考和分享！

教师怎样提升修养

仁、义、礼、智、信，五常之道。

——董仲舒

中国古代价值体系中的最核心因素是什么？孔子提出“仁、义、礼”，孟子延伸为“仁、义、礼、智”，董仲舒扩充为“仁、义、礼、智、信”，后称“五常”。无疑，“五常”的最终提出，经历了若干代儒者的提炼发展，贯穿于中华伦理的发展中，是我国传统价值体系中的最核心因素。

世易时移，我们应当有怎样的价值体系来调节人与自然、人与社会、人与自我之间的关系呢？2001 年 9 月 20 日，中共中央印发认真贯彻执行《公民道德建设实施纲要》的通知，“社会公德、职业道德、家庭美德、个人品德”作为公民道德建设的着力点被提出。

教师，是公民中文化素养较高，社会寄予的道德期许也同样相对较高的优秀群体。那么，我们在继承传统、适应时代、打造未来的过程中，应该从哪些方面入手，为学生、为社会树立榜样？有哪些经典掌故可以给我们启发呢？

本章将主要围绕公民道德建设中的社会公德、家庭美德，讲述两助边事的牧民卜式等古人故事，感受其赤子之心、不求回报的家国情怀；讲述西汉季布和东汉朱晖的故事，感受他们重承诺、贵正义的浩然之气；讲述五代冯道的故事，感受复杂多变环境下的端明之心；讲述轻财乐义的侯可及其家族，感受家风对人的深远影响；由明代宋濂的一篇赠序，体悟效法自然、身心健康的益处；由春秋时管仲等人的故事，体悟古人的财商。

家国：卜式两次助边事

天下之本在国，国之本在家，家之本在身。

——《孟子·离娄上》

说文

家是国的基础，国是家的延伸。在中国人的精神谱系里，国家与家庭、社会与个人，都是密不可分的整体。“国家好，民族好，大家才会好”，“小家”同“大国”同声相应、同气相求、同命相依，个人前途与国家命运同频共振，孝亲敬老、兴家乐业，济世救民、匡扶天下，家国情怀宛若川流不息的江河，流淌在民族的精神道统里，滋润着每个人的精神家园。

纯粹的“家国情怀”不会成天挂在嘴上说、唯恐别人听不到，也不会心底里指望着靠它来沽名钓誉。它是根植于人内心深处的自然情感，在战争之类的特殊时期得以激发外显，在日常生活中亦有自然流露。

读典

牧民卜式两助边事

卜式，河南人也，以田畜为事。时汉方事匈奴，式上书，愿输家财半助边。上使使问式："欲为官乎?"式曰："自小牧羊，不习仕宦，不愿也。"使者曰："家岂有冤，欲言事乎?"式曰："臣生与人亡所争，邑人贫者贷之，不善者教之，所居，人皆从式，式何故见冤!"使者曰："苟，子何欲?"式曰："天子诛匈奴，愚以为贤者宜死节，有财者宜输之，如此匈奴可灭也。"使者以闻。丞相弘曰："此非人情。愿陛下勿许。"于是上不报式。式归，复田牧。

岁余，会浑邪等降，仓府空，贫民大徙，皆仰给县官，无以尽赡。式复持钱二十万与河南太守，以给徙民。河南上富人助贫民者，上识式姓名，曰："是固前欲输其家半财助边。"上于是以式终长者，召拜中郎。

初式不愿为郎，上曰："吾有羊在上林中，欲令子牧之。"式既为郎，布衣草履而牧羊。岁余，羊肥息。上过其羊所，善之。式曰："非独羊也，治民犹是矣。以时起居，恶者辄去，毋令败群。"上奇其言，使式治民，有政声，上以式朴忠，拜为齐相。

——选自《汉书》，有删改

商人弦高义犒秦师

三十三年春，秦师过周北门，左右免胄而下，超乘者三百乘。王孙满尚幼，观之，言于王曰："秦师轻而无礼，必败。轻则寡谋，无礼则脱。入险而脱，又不能谋，能无败乎?"

及滑，郑商人弦高将市于周，遇之。以乘韦先，牛十二犒师。曰："寡君闻吾子将步师出于敝邑，敢犒从者。不腆敝邑，为从者之淹，居则具一日之积，行则备一夕之卫。"且使遽告于郑。

郑穆公使视客馆，则束载、厉兵、秣马矣。使皇武子辞焉，……杞子奔齐，逢孙、扬孙奔宋。孟明曰："郑有备矣，不可冀也。攻之不克，围之不继，吾其还也。"灭滑而还。

——选自《左传·僖公三十二年》

智勇杨氏退贼保城

建中四年，项城为叛军困。县令李侃，不知所为。其妻杨氏曰："君，县令也。寇至当守；力不足，死焉，职也。君如逃，则人谁肯固矣！"侃曰："兵与财皆无，将若何？"曰："如不守，县为贼所得矣，仓廪皆其积也，府库皆其财也，百姓皆其战士也，国家何有？夺贼之财而食其食，重赏以令死士，其必济！"

于是，召胥吏、百姓于庭，杨氏言曰："县令，诚主也；虽然，岁满则罢去。非若吏人、百姓然。吏人、百姓，邑人也，坟墓存焉，宜相与致死以守其邑，忍失其身而为之虏耶？"众皆泣。得数百人，侃率之以乘城。

项城，小邑也，无长戟劲弩、高城深沟之固。贼气吞焉，将超城而下。有以弱弓射贼者，中其帅，坠马死。贼失势，遂散走，项城之人无伤焉。

——选自李翱《李文公集·杨烈妇传》

解惑

卜式，是西汉时期河南郡人，以耕种畜牧为业。汉武帝时，匈奴屡屡犯边，当时汉正在抵抗匈奴入侵，卜式上书，愿意捐出一半的家财资助边事。皇帝派人问卜式："想当官吗？"卜式说："从小牧羊，不熟悉怎样当官，不愿意做官。"使者说："家里难道有冤家仇人，想讲出来吗？"卜式说："臣生来与人无争，贫穷的乡人，我就借钱给他；为人不善的，我就教他做好事。去到哪里，人们都顺从我，卜式有何冤事啊！”使者说：“如果是这样，想要什么呢？”卜式说：“皇上讨伐匈奴，我认为贤能的人应该为大节而死，有钱的人应该捐钱出来，这样的话匈奴就可以灭掉了。”使者报告了朝廷。丞相公孙弘说：“这不是人之常情，希望陛下不要允许。”于是，皇上没有接受卜式的请求。卜式回家，又到田里牧羊了。

一年多后，恰逢匈奴浑邪王等人投降，朝廷开支很大，国库空虚，贫民大迁徙，所有费用都靠朝廷补给，朝廷没法完全供给。卜式又拿出了 20 万钱给河南太守，用来发给迁徙的民众。河南上报富人救济贫民的名单，皇帝认出了卜式的名字，说：“这是以前希望捐出一半家产帮助边疆的人！”皇帝由此认为卜式始终是个厚道长者，召见卜式，任命他为中郎。

起初，卜式不愿意做官，皇帝说：“我有羊在上林苑里，想让先生去牧养它们。”卜式做了郎官后，穿着布衣草鞋去牧羊。一年多后，羊肥壮又繁殖很多。皇帝探访他牧羊的地方，对这很满意。卜式说：“不仅仅是羊，治理人民也是这样。按时起居，凶恶的立即除去，不要让他败坏整个群体。”皇帝对他的话很惊奇，让他管理人民，有政治声誉。皇帝认为卜式朴实忠厚，任命他为齐王丞相。

第二个故事说的是公元前 628 年，秦穆公准备向中原扩展势力，谋图霸业，于是，派大将孟明率领三百辆战车前去攻打郑国。

秦国军队走了三个月，来到与郑国相邻的滑国地界。郑国商人弦高去洛阳卖牛的路上，正好遇到前来攻打郑国的秦国军队。弦高见此情景非常着急，急中生智，他声称自己是奉郑国国君的命令来犒劳秦国军队的使臣。一面稳住秦军，一面立即派人火速回国通知郑国国君做应敌的准备。弦高先给秦军送上四张熟牛皮，然后又送上十二头牛，用以慰劳秦国军队。弦高对孟明说：“我们国君听说你们行军要经过郑国，冒昧地来让我慰劳你和随从的军队。我们的国家不富裕，因为你们的部队在外面已经很久了，如果住下来，我们愿意供给你们一天的给养；如果要离开，我们准备给你们担任一夜的保卫。”弦高交上礼物，就回郑国去了。

秦国将领孟明没想到自己上了弦高的当，竟然认为郑国对秦军的侵略已经有所准备，感到秦国偷袭郑国的目的不能达到，就顺手牵羊消灭了滑国，率军回去了。

弦高用自己的智慧和物质财富，为母邦郑国赢得了宝贵的准备时间，换来了难以用金钱等物质财富来衡量的母邦安全与完整。他的义举千百年来为人称颂。

第三个故事的背景是唐德宗时淮西节度使、燕州辽西人李希烈攻陷了汴州，接着又将掠夺陈州，分出他的部队几千人，开拔到达项城县。建中四年(783年)，项城被叛军围困。县官李侃不知做什么才好。他的妻子杨氏说:"您是县官，叛贼到，应当守卫；力量不足，即使死在这里，也是您的职分。您假如逃跑，那么谁还肯来固守城池?"李侃说:"军队与钱财都没有了，该怎么办?"杨氏说:"假如不守住，县城将被叛贼抢夺去，粮仓里储藏的都成了叛军的积蓄，政府的财库都成了叛军的财产，百姓都成了叛军的士兵，国家还有什么呢？夺取贼兵的财物，吃他们的粮食，用重赏来鼓励敢死的士兵，那一定能成功。"

于是在庭院召集胥吏百姓。杨氏说:"县官，确实是一城之主，虽然如此，任期满了就离职而去，不像吏人百姓那样。吏人百姓，都是本地人，祖坟在这里，应该一起出力死守这个县城，怎能忍心丧失自身而成为叛贼俘虏呢?"众人都流泪。招募到数百人，李侃带领他们登上了城墙。

项城是小地方，没有长戟劲弩等精良武器，也没有高城深沟来固守。叛贼统帅气焰嚣张，率领他们的士兵将要跳过城墙而攻下项城。此时守城士兵用普通的弓箭射贼人，射中了他们的统帅，统帅落马而死。叛贼失势了，于是全都逃跑了。项城的人没有伤亡。

李侃妻杨氏的智慧，表现在拿官员的职责和守城弃城的利弊对比来说服丈夫，她对形势判断得清醒，推演得合理；还表现在善于体察和利用人心，动员水平高效上。她最能说动乡人的话，便是"吏人、百姓，邑人也，坟墓存焉，宜相与致死以守其邑"，而保得自身，才能守住祖坟，放弃反抗，则自身不保，祖坟不保。真是晓之以道理，激之以廉耻啊！她的动员令抓住了要害。

故事的结果颇具戏剧性，富有家国情怀的弱势的一方，不仅分分钟没费吹灰之力就大获成功，自己还没有受到伤害——这样美好的结局，大概是作者李翱对杨氏的最大褒奖吧！

明鉴

厚德善终与财灭身亡

战乱之时的家国情怀，自然应该是保家卫国，慨当以慷。“卜式助边”这个故事里的皇帝及其手下大臣，觉得一个人愿意捐出一半的家财资助边事，要么是想当官，要么是想借官家势力报仇雪恨；什么都不要，纯粹出于爱国而捐钱，是反常的。这是典型的以小人之心度卜式的君子之腹。但卜式并不因此而有所抱怨和悔恨。一年多后，在朝廷没法完全供给贫民迁徙费用时，他又拿出了 20 万钱给官府。皇帝终于认识到卜式是个有德行的忠厚之人，非区区追名逐利之徒。皇帝让他做官，还得近乎哄骗地说是因为有羊在上林苑，想让他去牧养，卜式这才应允前往。这就充分说明他的爱国行为的出发点是纯粹的。“天子诛匈奴，愚以为贤者宜死节，有财者宜输之，如此匈奴可灭也。”议论朴素而目光如炬：乱离人不如太平犬，没有安宁强大的邦国，哪来勤劳致富的小家！

后来，卜式因为反对盐铁官营，又兼不习文章，被贬为太子太傅，以寿终。无论如何，他作为一个“不习文章”的农牧民，能有这样的思想和作为，已经可以流芳千古了。

一个人，无论他是普通人还是身居高位、肩负社稷之责的官员，有爱财之心，有恐惧之行，本也无可厚非，但大局当前仍然不思家国情怀，爱钱胜命，鄙吝至极，执迷不悟以致生成祸患，就太令人扼腕和悲叹了。

师说

现代公民，又身处和平时期，需要修炼自己的家国情怀吗？答案当然是肯定的。

1997 年韩国爆发金融危机，韩国政府不得不向国际货币基金组织求援，韩国民众拿出自己的金银首饰，帮助国家摆脱金融危机。这是韩国普通民众在国家特殊时期的家国情怀。

每次观看春节联欢晚会，看到主持人深情宣读中央领导对守土保边的边疆战士、海防官兵、地质工作者等群体发出的慰问时，我都非常感动。他们无法像常人那样回家团圆，有他们舍小家为大家，我们才能享受安宁和团圆。各单位也都会有因值班而无法享受即时团圆的人们，有他们这样的人看护着各个单位的安全，我们的生活才显得祥和恬静。他们或在需要有所牺牲的岗位上，或在需要有所牺牲的时段里，放弃一己幸福，换来更多同胞同事的幸福，这也是一种家国情怀啊！

对于我们教师来说，于简单平淡的日常生活中，勤俭持家，孝顺长辈，呵护孩子，积小爱为大爱，爱家也是爱国；把本职工作做好，对于工作中发现的一些问题和不合理的地方，争取发出更多符合公共利益的声音，多做些符合公共利益的创新创造，爱家国，爱乡党，为民族复兴、社会的文明进步尽智竭力，也是一种沉淀的爱，是你我能够做到的同样可敬的家国情怀！家国情怀表现在战争时期，也表现在和平时期。今天我们身处和平时期，尤其应当于日常生活中汲取及时表达家国之爱的智慧。

学思

对家庭事务、单位事务以及其他公共事务建言献策（包括提反对意见），是不是“家国情怀”？为什么？

门风：侯可与立雪程门

笃学修行，不坠门风。

——《颜氏家训·风操》

说文

中国人历来重视家庭教育。家庭是人生的第一教育场所，父母是孩子的第一任人生导师。古往今来，成功的家教能够帮助自己的孩子把握人生航向，能够帮助一个家庭甚至一个家族穿越种种劫难，长盛不衰。

读典

宋史中的侯可

侯可，字无可，华州华阴人。少倜傥不羁，以气节自许。既壮，尽易前好，笃志为学。随计入京，里中醵金赆行。比还,悉散其余与同举者,曰:“此金,乡里所以资应诏者也,不可以为他利。”且行,闻乡人病,念曰:“吾归,则彼死矣!”遂留不去。病者愈,辍己马载之,徒步而归。

孙沔征侬傜,请参军事,奏功得官,知巴州化城县。巴俗尚鬼而废医,唯巫言是用,娶妇必责财,贫人女至老不得嫁。可为约束,立制度,违者有罪,几变其习。再调华原主簿。富人有不占田籍而质人田券至万亩,岁责其租。可晨驰至富家,发椟出券归其主。郡吏赵至诚贪狡凶横,持守以下短长,前后莫能去。可暴其罪,荷枷置狱,言于大府诛之,闻者快服。

签书仪州判官。西夏寇边,使者使可按视,即以数十骑涉夏境,猝与之遇,亟分其骑为三四,令之曰:“建尔旗帜,旋山徐行。”夏人循环间见,疑以为诱骑不敢击。韩琦镇长安,荐知泾阳县。说渭源羌酋输地八千顷,因城熟羊以抚之。琦上其功。

可轻财乐义,急人之急,忧人之忧。与田颜为友。颜病重,千里求医,未归而颜死,目不瞑。人曰:“其待侯君乎?”且殓而可至,拊之乃瞑。颜无子,不克葬,可辛勤百营,鬻衣相役,卒葬之。方天寒,单衣以居,有馈白金者,顾颜之妹处室,举以佐其奁具。一日自远归,家以窭告,适友人郭行扣门曰:“吾父病,医邀钱百千,卖吾庐而不售。”可恻然,计橐中装略当其数,尽与之。关中称其贤。

——选自《宋史·列传第二百一十五》

解惑

侯可,字无可,宋代华州华阴人。少年时风流倜傥,放荡不羁,以讲义气自诩。成年后,他尽弃前好,而笃志为学。他随掌管会计簿籍的官员一起到京城,乡里凑钱赠别他们。等到返程,他将余款全部分发给一同考科举的其他人,说:“这些钱,是乡里用来资助入京应诏的，不能用来谋取别的利益。”即将动身时，他听说有个同乡人病了，担心自己先回去，同乡很可能死在外地，于是留下不离开了。病人痊愈后，他又舍弃自己的马给他骑，自己却徒步回家。

孙沔征讨侬傜（北宋时壮族首领），请侯可参与军事，建立功绩得到官职，作巴州化城知县。巴地风俗迷信鬼神而废弃医道，只听信巫师的话，娶媳妇必要女孩家的财物，以至于穷人家的女孩子到老不能出嫁。侯可建立约定，订立法度，违反的人有罪，差不多改变了当地的风气。后来调任华原主簿，有个不占有田籍却抵押人家的田券到一万亩的富人，每年索取人家地租。侯可一早骑马直奔富人家，打开木匣拿出田契归还给它的主人。当地的衙役赵至诚贪婪狡诈、凶蛮专横，掌握太守以下很多人的把柄，前前后后没有谁能除去他。侯可揭露他的罪行，让他戴上重枷，投入大狱，报告给上一级官府杀了他，听说这事的人都感到痛快敬服。

他还曾担任签书仪州判官。其间，西夏人入犯边境，使者派侯可巡视，他就带领数十骑兵来到西夏边境，突然与西夏人遭遇。他立刻把他的人马分为三四伙，命令他们说：“竖起你们的旗帜，围绕着山慢慢地走。”西夏人来回走动隔一段时间就看到他们，把他们当作诱敌的骑兵而不敢攻击他们。韩琦镇守长安，推荐侯可作了泾阳知县。侯可说服渭源羌地首领献纳土地八千顷，并筑熟羊城来抚慰他。韩琦上报他的功劳。

侯可轻视财物，以讲义气为乐，急人之所急，忧人之所忧。他与田颜结为好友。田颜病重，侯可千里去求医，他还没回来而田颜就死了，田颜死后眼睛都不闭上。人都说：“难道等侯可吗？”将要入殓，侯可到了，用手抚他的眼睛，才闭上。田颜没有儿子，不能送葬，侯可辛苦地想尽各种办法谋划，卖掉自己的衣物为他雇人，终于埋葬了他。正天冷，他穿单衣生活，有人赠送他白金，侯可看到田颜妹妹居家度日（艰难），就全都拿出来帮她置办嫁妆。有一天从远处回来，家里人把相当穷困的情况告诉了他，正赶上友人郭行来叩他家的门说：“我的父亲病了，医生要了很多钱，卖我家的房子却卖不出去。”侯可心里怜悯，计算自己的财物大致和那数目相当，就全给了他。关中的人都称赞他是好人。

明鉴

侯氏与程门

侯可少年时风流倜傥，重义，成人后博览群书，“若礼之制度，乐之形声，诗之比兴，易之象数，天文地理，阴阳气运，医药算数之学，无不究其渊源”。他知识渊博，对西北地理，如当地山川道路、郡县部族等，无不精通。在宋朝对西夏的战争中，他受韩琦之邀，赴西北参与戍边。其间，他开渭源地八千顷，图谋恢复郑国渠等古代水利工程，与当地戎人主动和解，为西北稳定作出了贡献。他的外甥，宋代名儒、理学家程颐曾作《闻舅氏侯无可应辟南征诗》，盛称舅父才能：“人称孔子生关西，宏才未得天下宰，良谋且作军中师。”

侯可姐姐侯氏，“自幼好读书史，博知古今”，父亲侯道济常常感叹：“恨汝非男子！”她十九岁时，出嫁给黄陂县尉程珦。史书记载，侯氏以家学培育二程，教之以道，直到成人。

程颢、程颐于接受母亲的家学熏陶之外，还曾拜著名理学家周敦颐为师，学习人生修养，“以兴起斯文为己任”。他们继承了老师的某些学术观点，同时也有所创新。于是，二程之学慢慢兴起，兄弟二人亦成为北宋有名的哲学家、教育家和理学大师。

程颢、程颐兄弟二人能成为宋代著名理学家，其一方面有母亲侯氏家教的功劳，老师周敦颐悉心教授的功劳，另一方面，与舅父侯可对他们成长过程的影响也深有关系。

侯可的为人深得社会广泛敬重，同时也给其后人以深刻的家学影响。其子侯仲良，自幼养成于二程家，一生潜心理学，先后拜周敦颐和表兄程颢、程颐为师，并决心像父亲和两位兄长那样，“志在天下，视不义富贵如浮云”。侯仲良遗有著述《论语说》和《雅言》。其中，《雅言》是侯仲良记载二程事迹和学说思想的重要著作。后人出于对侯仲良的崇敬，尊称他为“侯子”，故其书又称《侯子雅言》。后世熟知并传诵的杨时“程门立雪”的成语故事，便是由这部书记载流传下来的。

光绪《山西通志·仕实录三》有一段对山西侯氏家族的简述：“……子可，孙仲良，皆为世名儒，悉道济家教云。”侯可的父亲侯道济培养出了侯可和他的姐姐，二人又分别培养出侯仲良和二程。他们的共性可以用“轻财乐义”“好学博知”“潜心理学”来概括。

历史上的其他有名家教

中国古语中虽有“富不过三代”之说，却仍然有相当数量的家族跨越了时间，保持了家族的长盛不衰。探讨其长盛不衰的原因，则都与其家学家风家规家训等有极大关系。

历史上有个“天知、神知、我知、你知”的著名典故，说的是东汉时期弘农郡名臣杨震。他为官清廉，德高望重，任过宰相，并且从他起，四世连任。隋朝的著名宰相越国公杨素、杨素之子杨玄感等都出自弘农杨氏。弘农杨氏以杨震为开基之祖，以“四知堂”作为庭号和家训。

从东汉到明清一千七百余年，琅琊王氏一共出了以王敦、王导、王羲之等为代表的上百位文人名士。始祖王吉，谨守“言宜慢”三字，在险恶的官场上顺利地渡过各种难关；他还记取了宰相公孙弘对他的“心宜善”的规劝，客观公正地对待每个人。十年间他从知县成为朝廷重臣、西汉名臣。其家规只有“言宜慢，心宜善”这六个字，但这六个字包含了做人要有仁爱之心，做事要知进退之道的道理，能濡养出成熟大气的人格。

曾国藩被誉为“晚清第一名臣”“官场楷模”，他对家事管理则有十六字箴言：“家俭则兴，人勤则健；能勤能俭，永不贫贱。”他临终前，更是交代后人四句话：一是慎独则心里平静；二是主敬则身体强健；三是追求仁爱则人高兴；四是参加劳动则鬼神也敬重。其家族后代子孙恪遵先祖遗言，远离政界、军界，洁身自好，大隐于世，实现了曾氏“长盛不衰，代有人才”的遗愿。

还有江苏昆山朱氏家族，从迁居昆山的第一代开始，通贯十余代，学行都为乡里所重。其中最有名的当数朱用纯，也就是朱柏庐。他留下的《治家格言》，又称《朱子家训》，短短500余字，既是对朱氏家族数百年累世家教经验的总结，也是对中华优良传统的提炼和具体化。

黎明即起，洒扫庭除。

一粥一饭，当思来处不易；半丝半缕，恒念物力维艰。

居身务期质朴，教子要有义方。

见富贵而生谄容者，最可耻；遇贫穷而作骄态者，贱莫甚。

善欲人见，不是真善；恶恐人知，便是大恶。

这是《朱子家训》中的部分格言，早已为人熟知成诵。它们或谈勤劳俭朴，或谈人格风骨，或论自警自省，或论家教之法。这些格言是昆山朱氏一贯的家风。

历史上的名家还有不少。各家的家风家训家规——这里统称为“家教”吧，虽各有不同，但都强调清廉善良，勤而好学。

师说

家教的轨范作用

家规就是家族法规，是聚族而居的大家族制定的法规，它能贯彻儒家伦理精神，凝聚基层族群的基本共识，化解纠纷，维持社会秩序，是治家教子、立身处世的重要载体。家国同构，共同指向“修身齐家治国平天下”的儒家道统。当然，它和国法各有自己的适用领域，家规重在修身齐家，国法重在治国平天下；二者在功能上互相支撑，在内容上互相补充。

家规家训的形态灵活多样。它可能是家族代表性人物的一篇文章、日记、书信，或是完备的一本书；可能是日常生活的某种器具，某种建筑，某副对联；也可能是某个重要时刻对孩子的一段教诲，长辈去世前的一个重要叮嘱，或是如“吃饭不要咂嘴”“坐时不许跷二郎腿”之类的口头训诫；还有可能隐藏于日常的行为举止中，并未形成语言、文字。

家规也好，家训也罢，它们都会综合形成一个家庭对待问题的态度、看法、做法，最终形成一个家庭的风气习惯，也就是家风。让家人、子孙身上，表现出这种家风——如宋代司马康走在路上，人们虽不认识他，也能判断出这是司马光家的儿子——那么就是家教的成功。司马光有《训俭示康》一文，列举了若干“以俭立名，以侈自败”的例子，要求司马康“非徒身当服行，当以训汝子孙，使知前辈之风俗”。司马康历任校书郎、著作郎兼任侍讲，也以博古通今、为人廉洁和生活俭朴而称誉于后世。

有道是，家规正则家风正，家风正则家道兴。可惜现在家族分居已成常态，独生子女在众星捧月的家族环境中成长，有些孩子小到吃相、坐相，大到合作、分享意识，往往没有自己的行为规范，不懂得尊重公共秩序，不懂得讲究公共卫生，不懂得维护基本的公共道德。这一切似乎都在明示家长自己教养的不足。因此，从每个独立的小家庭层面，建立自己的适应新时代的家规，就变得非常有必要了。

家庭作为社会细胞，如何实施好家教呢？

一是跟孩子一起制定和遵守共同的家规。“一起制定”，是说要调动孩子主动参与，尊重孩子的想法，从适合孩子的立场出发。这样，不至于对孩子要求过高，给孩子身心带来伤害。“一起制定”还意味着引导孩子建立相对普适的规则意识，以与社会共同规则接轨。“一起遵守”，是说家规要约束孩子，也要约束父母。不是父母单方面只对孩子提出各种要求，列出各条“负面清单”，而是父母率先示范，言传身教。这样，双方才能协力把家规转化为实际行动。

二是家规的内容应该符合日常生活情境，用家规规范日常作息、饮食、招待或访问亲友的言行举止；同时，践行规范也要落实在日常琐碎具体的生活之中。

《论语》中记述了孔子弟子陈亢与孔子儿子伯鱼的一段对话。陈问：“你从老师那里有没有得到特别的教导？”伯鱼说：“没有呀。有一次他独自站在那里，我恭敬地轻步走过。他说：‘你学《诗》了吗？’我回答说：‘没有。’他说：‘不学《诗》，你就没有话可说。’我于是退下来学《诗》。又有一天，他又独自站在那里，我又恭敬地轻步走过。他问我：‘你学习《礼》了吗？’我回答说：‘没有。’他说：‘不学习《礼》，无法立足于社会。’我于是又退下来学习《礼》。我单独听到的就是这两次。”

依当时的礼制，以孔子的身份，为了“别嫌疑，厚尊重”，父子分开住。礼制还规定，子行过父前，臣行过君前，都应该“徐趋”，以此表示敬意。这个语段里，孔子“独立”，就是说他身边没有外人，而孔子父子在庭院之内的私密生活中，对“礼”也是日常践履，并不苟且的。

唐太宗教子“遇物则诲”的故事，历史上流传甚广。太子跟他一起用餐，他就对太子说：“种庄稼实在是一件不容易的事，农民要得到粮食，就得长年累月地辛勤劳作。你要是明白了这个道理，就会永远有饭吃。”他带着太子骑马游玩时，就对太子说：“这马和我们人一样，得有劳有逸，不能劳累过度。要是把它的力气都用尽了，就会把马累死。你要是明白了这个道理，就总会有马骑。”因此，“制定家规”倒不是说一定要有一份书面的条款形式的东西，可以“遇物则诲”，也可以用座右铭、纪念册之类有形的实物来表达家规。

三是适时修整家规，使之能适合不同人生阶段的需要。比如，孩子求学时、入职后、恋爱中、成婚前，家长和孩子不妨坐下来认真商量如何调整和修改家规。

国家督学杨国顺把他对于家庭教育的定位概括为八个字：稍加指点，顺其自然。当孩子在人生的道路上遇到困难和挫折时，家长要及时站出来帮助他们，但是点到即止。当孩子在人生道路的关键十字路口面临选择时，家长应该提供指导和建议，但最终的决定一定是由孩子自己做出的。此外，要经营好父母和子女间彼此相信、尊重、欣赏、信赖的关系。

教师身份使我们具有天然的善于教育包括自己孩子在内的未成年人的能力，许多人在家庭教育方面确实有自己独到的有效方法，且成果显著。我们还需要做的，是更全面深刻地理解家教的重要性和科学性所在，并且把它们分享给学生的家长以及终将要做家长的学生。

学思

您怎样向学生家长分享家庭教育方面的经验？

守诺：季布朱晖重诺义

一诺许他人，千金双错刀。

——李白《叙旧赠江阳宰陆调》

说文

古时批字于公文之尾，表示许可叫“诺”，犹今签字。如今，刷脸取款、刷脸进站、刷脸登机，已经不再是新闻。人们惊呼“现在这张脸越来越值钱了”的同时，一定也慨叹“现在个人信用越来越重要了”。

当我们从熟人社会迈向陌生人社会的时候，有过若干年的社会总体不适应。而今，托大数据挖掘和人脸识别技术的福，个人信用成了至关重要的个人品牌、社会通行证。

不过，在没有这些技术手段的古代，人们是如何打造自身信用的呢？

荟萃中国几千年文明精华的成语词汇中，有许多词与“义”相关，如“义不容辞”“义愤填膺”“义无反顾”“见义勇为”“义正词严”等。此外，应尽的责任、不要报酬的行为被称为“义务”，为正义或公益的事情筹款而举行演出被称为“义演”，等等。“义”是中华民族传统文化的核心所在、精粹所在。

那么，古人看重的“义”是如何指导他们的言行的呢？

读典

季布一诺重千金

季布者，楚人也。为气任侠，有名于楚。项籍使将兵，数窘汉王。及项羽灭，高祖购求布千金，季布匿濮阳周氏。周氏髡钳季布，衣褐衣，之鲁朱家所卖之。朱家心知是季布，乃之洛阳，见汝阴侯滕公。因谓曰：“臣各为其主用，季布为项籍用，职耳。项氏臣可尽诛邪？今上始得天下，独以己之私怨求一人，何示天下之不广也！君何不从容为上言邪？”滕公心知朱家大侠，意季布匿其所，乃许曰：“诺。”待间，果言如朱家指。上乃赦季布，拜为郎中。

孝惠时，为中郎将。单于尝为书嫚吕后，吕后大怒，召诸将议之。上将军樊哙曰：“臣愿得十万众，横行匈奴中。”诸将皆阿吕后意，曰“然”。季布曰：“樊哙大言可斩也！夫高帝将兵四十余万众，困于平城。今哙奈何以十万众横行匈奴中，面欺！”是时，殿上皆恐，太后罢朝，遂不复议击匈奴事。

季布为河东守，孝文时，人有言其贤者，孝文召，欲以为御史大夫。复有言其勇，使酒难近。至，留邸一月，见罢。季布因进曰：“臣无功窃宠，待罪河东。陛下无故召臣，此人必有以臣欺陛下者；今臣至，无所受事，罢去，此人必有以毁臣者。夫陛下以一人之誉而召臣，一人之毁而去臣，臣恐天下有识闻之有以窥陛下也。”上默然惭。

楚人曹丘生，辩士，事贵人赵同等，与窦长君善。季布闻之，寄书谏窦长君曰：“吾闻曹丘生非长者，勿与通。”

及曹丘生归，欲得书请季布。窦长君曰："季将军不说足下，足下无往。"固请书，遂行。曹丘至，即揖季布曰："楚人谚曰'得黄金百斤，不如得季布一诺'，足下何以得此声于梁楚间哉？且仆游扬足下之名于天下，何足下拒仆之深也！"季布乃大说，引入为上客。季布名所以益闻者，曹丘扬之也。

——选自《史记·季布栾布列传》，有删节

凛然正气缘于义

朱晖，字文季，南阳宛人也。晖早孤，年十三，王莽败，天下乱，与外氏家属从田间奔入宛城。道遇群贼，白刃劫诸妇女，略夺衣物。昆弟宾客皆惶迫，伏地莫敢动。晖拔剑前曰："财物皆可取耳，诸母衣不可得。今日朱晖死日也！"贼见其小，壮其志，笑曰："童子内刀。"遂舍之而去。初，光武与晖父岑俱学长安，有旧故。及即位，求问岑，时已卒。乃召晖拜为郎。晖寻以病去，卒业于大学。性矜严，进止必以礼，诸儒称其高。

永平初，显宗舅新阳侯阴就慕晖贤，自往候之，晖避不见。复遣家丞致礼，晖遂闭门不受。就闻，叹曰："志士也，勿夺其节。"后为郡吏，太守阮况尝欲市晖婢，晖不从。及况卒，晖乃厚赠送其家。人或讥焉，晖曰："前阮府君有求于我，所以不敢闻命，诚恐污君令名。今而相送，明吾非有爱也。"骠骑将军东平王苍闻而辟之，甚礼敬焉。正月朔旦，苍当入贺。故事，少府给璧。是时阴就为府卿，贵骄，吏傲不奉法，苍坐朝堂，漏且尽，而求璧不可得，顾谓掾属曰："若之何？"晖望见少府主簿持璧，即往绐之曰："我数闻璧而未尝见，试请观之。"主簿以授晖，晖顾召令史奉之。主簿大惊，遽以白就。就曰："朱掾义士，勿复求。"苍既罢，召晖谓曰："属者掾自视孰与蔺相如？"帝闻壮之，以晖为卫士令。再迁临淮太守。

晖刚于为吏，见忌于上，所在多被劾。自去临淮，屏居野泽，布衣蔬食，不与邑里通，乡党讥其介。建初中，南阳大饥，米石千余，晖尽散其家资，以分宗里故旧之贫羸者，乡族皆归焉。后迁为尚书令，以老病乞身。

——选自《后汉书·朱晖传》，有改动

解惑

一诺千金与情同朱张

季布，秦朝末年人，为人性情耿直，好逞意气，抱打不平。他一向说话算话，信誉度非常高，许多人都和他建立了深厚的友情。当时，坊间甚至流传着这样的俗语："得黄金百斤，不如得季布一诺。""季布一诺"和"一诺千金"便语出于此。

楚汉相争时，季布是西楚霸王项羽帐下五大将之一，曾屡次使汉王刘邦受到困窘。等到项羽灭亡以后，汉高祖出千金悬赏捉拿季布，并且是"敢有舍匿，罪三族"，季布的旧日朋友不仅不被重金所惑，反而冒着灭族的危险来保护他。此后，刘邦撤销了对季布的通缉令，还封季布做了郎中，不久又改做河东太守。

生逢乱世，卖力和效忠于霸王，为的是建功立业，实现自己的人生理想与抱负，这自然无可非议；汉高祖称帝后通缉、捉拿季布，也是情理中事。然季布能于绝境处化险为夷，不仅是熟悉之人，就连素昧平生者也甚至不惜冒杀头之罪，替季布向刘邦求情。究竟季布这人有什么魅力，使得许多人在重赏之下也不会出卖他呢？原因很简单：他是一个很讲信用的君子，全凭自己平日一贯的诚信待人和一诺千金的凝重，赢得了知己好友的冒死相救，赢得了素昧平生者的同情、理解与爱护，甚至也赢得了对手乃至昔日仇敌的宽恕和尊重。"诺"的分量该有多重啊！

季布一诺重千金，为他人生添上了美丽多彩的画笔，赢得了世人的无限景仰。

另外一个故事同样很有名，也是一个典故，叫"情同朱张"，说的是汉朝名士朱晖与其好友张堪的故事。

朱晖，字文季，东汉名士。朱晖很小的时候，便成为孤儿，然而他勤奋正直，刻苦学习，严于律己，因而自幼就被人们传颂为学习的榜样。后来，曾经与朱晖父亲朱岑一起在长安求学，并且交情笃厚的光武帝刘秀称帝，访求朱岑，在闻其已死后，便召朱晖担任郎官。

朱晖为官后甚有官德。他为人朴实谨严，性格端庄严肃，举止行动必循礼仪，世人对他的高尚品德广为称赞。他和张堪两人同是河南南阳人，但两人本并不相识。张堪深知朱晖为人品德高尚，很讲信用，于是对他十分仰慕，很想结识他。而朱晖也曾经听说过张堪的一些事迹，张堪兄长早逝，曾经以数百万文钱资助给哥哥的儿子，帮助其成家建业。有一次，朱晖和张堪在太学偶然相遇，二人相见恨晚，张堪对朱晖说："我有一事相托，自己身体多病，恐怕不久于人世，希望我死后你能对我的妻儿多加照顾。"几年后，张堪果然一病呜呼，丢下一家老小艰辛度日。朱晖听说后，便亲自前去探望，给予很多物质上的帮助，并且对张堪儿子的学业也非常关心，一心培养其读书成才。人们都说，朱晖对亡友一家关心备至，如同关心自己的妻子儿女一样。

儿子朱撷对父亲的这一举动很不理解，便问道："父亲过去和张堪并无过多交往，为何对他家人如此关怀备至?"朱晖回答说："张堪生前曾经将妻子儿女托付给我，这是对我的信赖，我只有谨守信用，才能不负朋友的重托。再说，张堪生前也是一个乐于助人的人啊!"

此后，南阳太守司徒桓虞闻知朱晖人品，有意提携朱晖儿子朱撷到府中任职。朱晖想到张堪儿子品学兼优、德才俱佳，生活却很困难，便对太守说："大人盛情，朱晖深为感激。只是小儿朱撷无才寡德，难当重任。故人张堪的儿子家贫为学，才识过人，恪守礼仪，是可造之才，我愿意把故友儿子推荐给您，盼望您能给一个发展事业的机会。"

太守见朱晖举贤不举亲，深为钦佩，召见张堪儿子之后，发现果然如朱晖所言，就委任其担任府中文案小吏。此后，张堪儿子勤奋努力，廉洁奉公，深得太守赏识，也终于未负朱晖厚望及培养之恩。

朱晖热情照顾亡友妻儿、提携亡友之子的事传开后，人们都赞扬朱晖是守信笃义的千古良朋，后世的人们从此也便用"情同朱张"一词作为朋友之间真情执着、讲究信用的代称。

明鉴

季布的承诺

“季布一诺”和“一诺千金”的意义稍有差异：前者的字面意义是指“季布的承诺”，后者是指“许下的一个诺言有千金的价值”。但是，这两个成语相同的部分都是称扬说话算数，有信用。

品味季布人生，我们对这两个成语会有更加形象、更加深刻的理解。

首先，“诺”是一种执着和勇气。这“一诺”不是空口说白话，紧随“允诺”和“承诺”之后的，是脚踏实地的努力和行动，是义无反顾、无所畏惧、矢志追求的生命之歌。青年时期的季布在长江一带游历，为穷苦的老百姓主持正义，路见不平，他往往拔刀相助。男子汉大丈夫，答应别人的事情即使付出生命的代价也一定要办到。正因此，在老百姓中间才会盛传“得黄金百斤，不如得季布一诺”，他的声名也因此得以远播传扬。秦朝末年，季布义无反顾地投奔项羽，所靠的也是一腔热血、一股勇气。在项羽与刘邦的对决过程中，季布以其才能和勇力，多次击败刘邦，并使刘邦本人身陷窘境，因此，他以勇敢践行了自己效忠楚王的承诺。汉朝建立以后，季布效忠于汉朝，也是以勇者之气践行他的承诺。在吕太后、汉文帝的朝堂上，他敢于顶撞皇亲国戚、开国元勋樊哙，敢于数说至高无上的汉文帝。

其次，“诺”是一种认真和谨严。在季布看来，“诺”不可以随意、轻率，承诺必须是慎重、严谨、三思而后定的。汉惠帝时，太后吕雉执政，季布任中郎将，当时匈奴单于送来一封言辞欠恭、有失礼数的信件，太后吕雉召集众将商议，想要出兵讨伐匈奴。太后妹夫、勇士樊哙为了替太后消气，马上夸下海口：“臣愿得十万众，横行匈奴中。”而殿上诸将为了讨好太后，也都附和樊哙，称应该出兵。此时，唯有中郎将季布厉声斥责樊哙：“樊哙妄言当斩！过去，高祖皇帝带领四十余万雄兵，尚且被匈奴人困在平城，差一点不能生还。当时樊哙就在军中，难道不知道匈奴的实力？现在为什么说带十万雄兵就能横行匈奴？这是当面欺骗太后！”在朝堂上，季布直陈秦因伐胡征兵，激起陈胜吴广起义，现在，国家经过了多年战争，疮痍未复，民生凋敝，樊哙以阿谀之词，将会动摇天下的稳定局势。他认为，樊哙的表态过于草率，既为承诺，就应当深思而熟虑，三思而后行！“是时，殿上皆恐”，那是一个多么紧张的时刻啊！不匆忙作“诺”，“诺”必审慎熟虑、周详严谨，季布的话让太后吕雉想到了樊哙一时兴至和貌似慷慨的草率，她采用了季布的建议，以“和亲”的思路让汉朝和匈奴之间的关系柳暗花明。

再次，“诺”是一种形象和标志。季布把自己的诺言看得比生命还重要，要么不答应别人，答应了别人就一定要做到，没有任何借口。遵守诺言，这也是所有可以称之为侠士的人最光辉的品质。优柔寡断，甚至出尔反尔，这不是“一诺”者应有的形象。汉文帝在位时，有人进言说，季布有贤才，应该让他到朝中担任重要职位。于是，文帝就召令季布进京，打算任命他为御史大夫。可是，等到季布来到长安后，文帝身边又有人说，季布虽很勇敢，但好发酒疯，难以接近。性情柔弱的汉文帝在听到两种截然相反的意见后，便在任用季布的问题上陷入了进退两难的困境。季布因此对皇上说：“我没有什么功劳却受到了您的恩宠，在河东郡任职。现在陛下无缘无故地召见我，这一定是有人妄誉我来欺骗陛下；现在我来到了京城，没有接受任何事情，就此作罢，遣回原郡，这一定是有人在您面前毁谤我。陛下因为一个人赞誉我就召见，又因为一个人的毁谤而要我回去，我担心天下有见识的人听了这件事，就窥探出您为人处世的深浅了。”可以想见，汉文帝虽贵为天子，但说出来的话距离“一诺”差得远呢！果然，汉文帝闻此言后，好一阵沉默不语，内心惭愧，良久方说：“河东，吾股肱郡，故特召君耳。”

最后，“诺”还是一种知错即改的智慧。当时，楚地有个叫曹丘的人，能言善辩，专爱结交权贵。季布开始很瞧不起他，甚至劝告朋友：“吾闻曹丘生非长者，勿与通”，对执意前来拜访自己的曹丘，季布本来也是充满了厌恶和拒绝之意。但在后来的交谈中，季布得知曹丘多年来一直在各处宣扬自己的好名声，曹丘的一番话语深深地叩动他的心扉：“我这么多年在外漂泊，一直以您为骄傲，到处宣扬您的礼贤下士和仗义疏财，这才使您有了很高的声誉。难道我做得还不够吗？还是我究竟做错了什么，以致您对我有这么深的成见，对我拒而远之。这实在令我伤感寒心啊！”曹丘的推心置腹，让季布顿时感到自己原先的偏颇和冒失，他非常震惊，也非常感动，与曹丘大力宣扬他人相比，自己竟然唾弃曹丘的为人，这显得多么渺小呀！此后的季布知错即改，诚恳致歉，承诺和曹丘相知为友。

季布一生注重自身的品行修炼，他时刻提醒自己“一诺千金”，同时，他鄙视那些轻率为言的人。“一诺千金”，让季布得到友谊，得到信任，得到帮助，也让我们看到了一个值得敬重的季布，一个值得我们学习、不断完善人格的季布！

“义”成就了朱晖的为人

历史上的朱晖足以让后世景仰，他诚实守信、乐于助人，心中藏有一股凛然正气，这种凛然正气的核心就是“义”。“义”成就了朱晖的为人，使他成为一个大写的人，使他为人处世常常遂心随愿，勇往而前，朱晖的言行常常成为中华民族良好美德的诠释。

选段让我们从更多的方面对朱晖的“义”有了深刻的理解。

其一，正义使其无畏。王莽乱政败亡后，天下大乱，朱晖和舅父一家逃难在外，路上偶遇一群贼寇闯出，贼寇们持刀威胁，劫掠随行的妇女，肆意抢夺妇女身上的衣物。逃难的人群顿时乱作一团，大家惊慌失措，趴在地上，吓得一动也不敢动。在危难时刻，年仅十三岁的朱晖拔剑出鞘，挺身而出，与贼寇的头领周旋谈判：“财物你们都可以拿走，各位女长辈的衣物你们不能动一下，否则，今天就是朱晖的死日！”贼寇们见他小小年纪，竟然秉性刚烈，不由得对他刮目相看，顿生敬意。出乎逃难人群意料的是，一群持刀执棒的贼寇居然会买一个小孩子的账，放过了这一群人，从而使大家躲过了一场灾难。

其二，节义使其清高。汉明帝永平初年，新阳侯阴就仰慕朱晖的贤能，很想结识他，朱晖不愿落下攀附权贵的名声，遂躲避不见。此后，阴就又特地派家丞给他送礼，以套取近乎，但朱晖还是闭门拒礼。阴就虽然最终没能与朱晖成为走得很近的朋友，但还是十分钦佩他的为人，阴就赞叹说：“真是志士啊，还是不要改变他的气节吧。”朱晖后来做郡吏，有一次太守阮况到郡府公干，听说朱晖家的婢女知书达礼、勤劳聪慧，便想买来，朱晖不答应。等到阮况死了，朱晖才厚赠给他家。有人为此讥讽朱晖，朱晖解释说：“以前阮府君有求于我，我之所以没有答应他，实在是怕因为婢女的事玷污府君的好名声，如今（府君弃我们而去）相送，表明我不是有爱惜之意。”面对上司的美意，换成其他人，恐怕早就投其所好了，朱晖却以延迟赠送的方式，既维护了太守的名声，也使自己免为攀附权贵的势利小人。

其三，侠义使其公道。朱晖上司骠骑将军王苍按旧例到少府祝贺新年，少府的府卿理应赠璧作为答礼。但是，因为当时阴就做府卿，富贵骄纵，不奉行法令。王苍坐在厅堂里，久未得到所赠的玉璧，情形甚是尴尬，只得回头问随行的掾属朱晖说："怎么办？"朱晖望见少府主簿拿着璧，计从心来："我多次听说这块璧，却不曾见到，请让我瞧一瞧。"主簿并未防备，把璧传给朱晖，谁知朱晖马上转过身子，叫令史捧璧带回。少府主簿这才缓过神来，明白朱晖的意图，他惶恐地向阴就禀告此事。阴就深知朱晖的为人和气节，只得说："朱掾属是个义士，不要再去要了。"此事让王苍挽回了官场中礼尚往来的面子，维护了做人的尊严。为此，他十分感激，牢记在心，并称赞朱晖有着蔺相如一般的智慧和勇气。他向皇帝禀告此事，并郑重推荐朱晖。皇帝听说了这件事，也是既为其勇气和智慧所震动，又为其耿耿忠心所感动，于是让朱晖做了卫士令，不久，又提升朱晖担任临淮太守。

朱晖的"义"让我们看到了中国古代历史上一个血肉丰满、有情有义有信的名士形象，使我们对"义"的内涵和价值有了深刻的理解。

在我国古代，"义"是一种含义极广的道德范畴，其本意是指公正、合理而应当做的。它与"仁""智""礼""信"紧密相连。从古代典籍中，我们也可以看到古人对"义"的全面定义与理解。孔子最早提出"义"，孟子则进一步阐释了"义"。孔子认为"君子之于天下也，无适也，无莫也，义之与比"，孟子还强调："大人者，言不必信，行不必果，惟义所在。"

对"义"作全面而准确的理解，联系朱晖的"义举"，会让我们每一个现代社会中的人更多一些凛然正气。因为"义"，我们会言而有信，信守承诺，更加诚信为人；因为"义"，我们会心知感恩，回报善举，更加仁爱为怀；因为"义"，我们会增添善良与恻隐之心，同情弱者，更加乐于助人；因为"义"，我们会崇尚正义，面对邪恶无所畏惧，更加见义勇为；因为"义"，我们会更加心悬明镜，明辨是非，更加坚持真理；因为"义"，我们会谨小慎微，抵御诱惑，防微杜渐，更加慎独谨严。

师说

《大学》中说："大学之道，在明明德，在亲民，在止于至善。"《孟子》中说："我善养吾浩然之气。其为气也，至大至刚，以直养而无害，则塞于天地之间。"重诺，让季布完善了人格，得到了信任和帮助；贵义，使朱晖持正义而凛然，行正道而得重用。"诺"也好，"义"也罢，都必须植根于浩然之气上。

作为教师，愿我们养护浩然之气，让社会多一些重诺之人，多一些有义之举。

学思

今人重诺贵义的故事也不少，请举您身边的一两例。

端明：冯道心底端且明

水至平，端不倾。

——《荀子·成相》

曲能有诚，诚则形，形则著，著则明，明则动，动则变，变则化。

——《礼记·中庸》

说文

有人的地方就有江湖。尤其在前路莫测的动荡年代，在命如草芥的危险境地，一个人如何处事才能保得自己性命，保得一方平安，甚至还能多发挥一些人生价值呢？从历仕四朝十帝的冯道身上，我们或许能得到一些启示。

读典

《旧五代史》中的冯道

冯道，字可道，瀛州景城人。其先为农为儒，不恒其业。道少纯厚，好学能文，不耻恶衣食，负米奉亲之外，唯以披诵吟讽为事，虽大雪拥户，凝尘满席，湛如也。寻荐为霸府从事，俄署太原掌书记，时庄宗并有河北，文翰甚繁，一以委之。

庄宗与梁军夹河对垒。一日，郭崇韬以诸校伴食数多，主者不办，请少罢减。庄宗怒曰："孤为效命者设食都不自由，其河北三镇，令三军别择一人为帅，孤请归太原以避贤路。"遽命道对面草词，将示其众。道执笔久之，庄宗正色促焉，道徐起对曰："道所掌笔砚，敢不供职。今大王屡集大功，方平南寇，崇韬所谏，未至过当，阻拒之则可，不可以向来之言，喧动群议，敌人若知，谓大王君臣之不和矣。幸熟而思之，则天下幸甚也。"俄而崇韬入谢，因道之解焉，人始重其胆量。

明宗入洛，遽谓近臣安重诲曰："先帝时冯道郎中何在？"重诲曰："近除翰林学士。"明宗曰："此人朕素谙悉，是好宰相。"未几，迁中书侍郎、刑部尚书平章事。凡孤寒士子，抱才业、素知识者，皆与引用，唐末衣冠，履行浮躁者，必抑而置之。有工部侍郎任赞，因班退，与同列戏道于后曰："若急行，必遗下《兔园册》。"道知之，召赞谓曰："《兔园册》皆名儒所集，道能讽之。中朝士子止看文场秀句，便为举业，皆窃取公卿，何浅狭之甚耶！"赞大愧焉。

天成、长兴中，天下屡稔，朝廷无事。明宗每御延英，留道访以外事，道曰："陛下以至德承天，天以有年表瑞，更在日慎一日，以答天心。臣每记在先皇霸府日，曾奉使中山,径井陉之险,忧马有蹶失,不敢怠于衔辔,及至平地,则无复持控,果为马所颠仆,几至于损。臣所陈虽小,可以喻大。陛下勿以清晏丰熟,便纵逸乐,兢兢业业,臣之望也。"明宗深然之。

——节选自《旧五代史·冯道传》

解惑

冯道,字可道,瀛州景城人。他家先祖曾务农或为儒,没有一定职业。冯道年少时,性情纯朴厚道,好学能文,不以衣食粗陋为耻,除奉养父母外,只是读书吟诗,即使大雪封门、尘垢满席,也依旧兴致盎然。不久后他被举荐做了霸府从事,稍后又任太原掌书记。其时庄宗据有河北,文牍事务繁忙,统由冯道掌管。

庄宗军队与梁军隔黄河相对峙。一天,郭崇韬以诸将校会餐人数过多,主管人供应不起,请稍减员,庄宗发怒说:"我想给那些为我效力的人管几顿饭,自己都做不得主,那么河北三镇就请三军另外选择一人任主帅,我请求回太原,以避贤让路。"随即命冯道当面草拟文书,以向部下宣告。冯道持笔呆了很久,庄宗严厉催促他,他缓缓起身答道:"我的职责就是掌管笔墨文书,岂敢不奉命从事。如今大王您屡建大功,刚刚平定南方寇乱,崇韬所谏,未必失当,拒绝他可以,却不可用刚才那番话挑起众议。敌人若是得知,便会说大王您这里君臣不和了。希望再三考虑,那便是天下的万幸。"不久郭崇韬入朝致歉,通过冯道解了围。人们开始敬重冯道的胆识。

明宗入主洛阳后,立刻问近臣安重诲说:"先帝在位时的冯道郎中在什么地方?"安重诲回答:"不久前授翰林学士。"明宗说:"此人我久已熟知,是好宰相。"不久冯道迁中书侍郎、刑部尚书平章事。凡贫困微贱无所依恃却有才干、有抱负,又与他素来相知的士人,他一律拔用;唐朝末年世族中行为浮躁的人,他必定贬抑不用。有位工部侍郎名叫任赞,退朝时,和同僚在后面嘲笑冯道说:"他若快走,一定会掉下《兔园册》。"冯道听说此事,召来任赞对他说:"《兔园册》的文章都是名儒编集的,我可以背诵。旧朝廷一些士子,不过读了些考场上的华丽辞藻,就去应试,都是窃取公卿的名位,真是何等浅薄、狭隘。"任赞十分惭愧。

天成、长兴年间，天下连年丰收，朝廷无事。明宗坐朝廷英殿，留冯道向他询问朝廷外面的事。冯道说："陛下以至上的道德承受天命，上天以丰年昭示祥瑞，陛下更要日日谨慎，以酬答上天之心。臣常忆起在先帝霸府任职时，曾奉命出使中山，过井陉险地时，唯恐马匹失蹄，不敢放松缰绳，等到平地，便不再控制，结果被马摔下，几乎致残。臣所说的这件事虽小，却可以比喻大事。陛下不要因为天下清明安定，连年丰收，便无节制地享乐。兢兢业业，是臣对陛下的希望。"明宗非常赞同。

明鉴

职业宰相，死无余财

冯道，生于唐朝末年的乱世——僖宗中和二年(882 年)，瀛州景城人。冯父熟读诸子百家，崇尚道家思想，对乱世痛绝，对太平向往，心忧天下而不可为，于是把希望寄托在刚出生的儿子身上。冯父为儿子取名道，字可道，巧妙地将老子最看重的"道"化入儿子的"名"和"字"中。此外，《礼记·礼运》中的"大道之行也，天下为公"一句，也是冯道名字的一个好注释：父亲希望他以天下为己任，创就一番事业。总之，冯父对儿子冯道寄予了十分高远的希望。

冯道生活于中国历史上的一个特殊时期——唐宋之间后梁、后唐、后晋、后汉、后周五代乱世，其生活年代既与唐末相连，又贯穿整个五代乱世。其年少时以孝谨知名，成年后初于晚唐天祐年间任参军，后在五代时期入朝为官，历仕四朝十帝，皆为公卿，而且三次拜相，居相位长达二十余年，去世时追封瀛王。在当时纷乱的政治背景下，冯道无疑是个成功的人物。不仅五代至宋初对他的评价很高，冯道对自己这一生也显然比较满意。纵观中国历史，能在四个朝代中久居朝廷显赫位置而均有政绩者，在几千年的历史中恐怕也是绝无仅有的。有人因此称冯道是中国官场史上的第一不倒翁，更有人称之为"职业宰相"。

五代时，战乱频繁，真正掌握政治核心的都是军阀，而像冯道这样的文人是游离于政治核心之外的。他所认为的"国"主要是指这个国家的老百姓，只要对得起老百姓，在军阀的"狼虎丛中也立身"；皇帝的轮换他不想左右，也没有能力左右。

契丹灭晋时，辽太宗耶律德光进入开封，冯道应召到达。耶律德光问他：“天下百姓如何救得？”冯道说：“现在就是佛出世也救不了，只有你皇帝救得。”这在一定程度上缓解了契丹的残暴举措，保全了百姓。冯道是河北人，他的家乡是汉族和契丹冲突最剧烈的地方，经常有百姓被掳走当奴隶。他的钱大部分用来赎人和安置，死时家无余财。

屈身安人，解民疾苦

冯道死时七十三岁，正好与孔子同寿，“时人皆共称叹”。宋初的名臣范质对冯道的评价是“厚德稽古，宏才伟量，虽朝代迁贸，人无间言，屹若巨山，不可转也”。王安石称赞冯道“屈身以安人”，舍弃个人荣辱，劝阻契丹不杀百姓，救百姓于水火，“如诸佛菩萨行”。后世清人赵翼在《廿二史札记》中也评价他一心只为天下苍生，“独能以救时济物为念”。

客观地说，如果撇开冯道数朝为官这一点，我们不能不承认，冯道为臣颇有才干，辅佐后唐明宗时，使中原长期太平，百姓生活“粗为小康”，政绩可谓显著。此外，历经数朝，却能独善其身，始终官居高位，并且最后又能寿终正寝，这实属难得。史书中记载，冯道十分重视提携后进人才，凡是孤困贫寒的书生，胸怀才学，有知识的，冯道必会引荐任用；但着唐末衣冠，行为举止浮夸的人，则常常加以贬抑，置之不理。他也为人宽厚，度量极大，曾感化仇人，提拔曾经骂过他的下级。

为皇帝所依赖驱使，自当殚精竭虑，效力尽职，然冯道的更可贵之处在于心念乱世中的百姓，关注黎民疾苦，这是冯道能在历史上“立足”，为后世缅怀的重要原因。据史载，天成、长兴年间国内安定，连年丰收，明宗感到天下无事，便纵情于欢娱，冯道以自己“奉使中山，径井陉之险，忧马有蹶失，不敢怠于衔辔，及至平地，则无复持控，果为马所颠仆，几至于损”的故事，真心劝说、希望明宗不要因为四海丰收太平就纵情安逸享乐，而要兢兢业业治理天下。另有一次，临河县向皇帝进献民间宝物，这是一只玉杯，上面刻着“传国宝万岁杯”，明宗以为吉祥，甚是喜爱，示之冯道，冯道禀白：“这不过是前世留下来的有形的宝，而皇帝应该有的却是无形的宝。”冯道直言明宗：仁义才是帝王之宝。

后来冯道跟从后汉开国君主刘知远，刘知远为求霸业，曾大聚甲兵，禁牛皮不得私自贸易及民间盗用，如有牛死，即时向官府纳其皮，天下人甚以为苦，直到刘知远称帝后，这一政策仍未改变。适逢上党这一地方的民众有二十余人因牛皮之事治罪，“狱成，罪俱当死”。上党戎判张璨审理此案，上奏皇帝，要求免于治罪，并调整政策。就在举朝群臣纷纷指责张璨、皇帝亦意欲治张璨死罪时，时官拜太师的冯道仗义执言，他周密分析，晓以利害：“陛下在河东时，断牛皮可也，今既有天下，牛皮不合禁。陛下赤子枉死之，亦足为陛下惜。昭义判官，以卑位食陛下禄，居陛下官，不惜躯命，敢执而奏之，可赏不可杀。臣当辅弼之任，使此敕枉害天下人性命，臣不能早奏，使陛下正，臣罪当诛。”终于使这位后汉高皇帝修改政令，上党百姓和戎判张璨都免于一死。

清廉自律，谨小慎微

注重节俭、清廉自律、谨小而慎微，这是冯道让后世敬仰的另一个原因。《新五代史·冯道传》曾记载他“居军中，为一茅庵，不设床席，卧一束刍而已。所得俸禄，与仆厮同器饮食，意恬如也。诸将有掠得人之美女者以一遗道，道不能却，实之别室，访其主而还之”。在丧父后辞去翰林学士回到景城故乡时，正逢大饥荒，他倾家财救济乡民，自己却住在茅草屋里，“自耕樵采，与农夫杂处”，从来不以士大夫自矜；有人无力耕种而致田地荒芜，他便悄然代为劳作不图回报；地方官拜访他，他一概不收任何馈赠。

师说

后世褒贬不一

冯道也是一个在历史上颇有争议的人物。他死后，后世对其一生既有褒扬者，也有竭力贬抑者。冯道出身孤寒，积学进身，仕宦几十年，不改农家本色，在不太理想的政治环境中努力行善，他的自述诗“但知行好事，莫要问前程”“但叫方寸无诸恶，狼虎丛中也立身”堪称难得。《周实录》本传称他“在相位二十余年，以持重镇俗为己任”，至有与孔子并论者。而欧阳修在《新五代史》中却称“其可谓无廉耻者矣”。历代史学家之所以对冯道持有微词，大多是从自古忠臣不事二主的角度去分析评价冯道的为人，认为他政德缺失。

相比较而言，北宋史学家、曾担任过宰相的薛居正所撰的《旧五代史》，评价冯道则较为周全。《旧五代史》从正反两个方面对其功过是非作评价：一方面，对其为人之德评价很高："道之履行，郁郁有古人之风；道之宇量，深得大臣之礼。"另一方面，就其历仕数朝，而且曾投降契丹的历史，斥责他"事四朝，相六帝，可得为忠乎！夫一女二夫，人之不幸，况于再三者哉"。

历史的长河奔腾不息，从唐末黄巢起义到五代结束，乱世八十多年，军阀割据，道德败坏，生灵涂炭。从五代至今，岁月又过去了一千多年的时光，以唯物主义的眼光回首历史，我们不难发现：冯道生在战火连绵、社会动荡、王朝统治更迭频繁的年代，就他个人而言，生逢特定的历史环境当中，却无法回避，这是他个人的不幸；然而，我们放目整个社会和时代，则会感到，这种不幸又是社会性的。历史人物冯道，其身很难免俗，这是其历史和阶级的局限性所在。

道家哲学崇尚"大道至简"，即大道理（基本原理、方法和规律）是极其简单的，简单到一两句话就能说明白。心底端明，终有所成，是五代时冯道留给我们的一个背影。

学思

心底端明、大道至简，与"奥卡姆剃刀原理"在内涵上有哪些共同之处？请简述。

游历：宋濂赠序陈庭学

发下口而游历，迄西山而弭辔。

——谢灵运《撰征赋》

说文

随着社会的发展，旅游成为越来越多人的休闲方式。不过，你为什么要旅行？我看到有人从改变心态、扩大视野、抛离厌倦、重识自我等方面总结了15个理由。

古人也喜欢旅游，且常常会在所到之处，留下诗句、题对、碑文，其中有些早已成为千古传诵的名篇。那么，古人对于旅游有什么看法？能给我们哪些启发呢？

读典

宋 濂 赠 序

西南山水，惟川蜀最奇。然去中州万里，陆有剑阁栈道之险，水有瞿塘、滟滪之虞。跨马行，则竹间山高者，累旬日不见其巅际。临上而俯视，绝壑万仞，杳莫测其所穷，肝胆为之悼栗。水行则江石悍利，波恶涡诡，舟一失势尺寸，辄糜碎土沉，下饱鱼鳖。其难至如此！故非仕有力者，不可以游；非材有文者，纵游无所得；非壮强者，多老死于其地。嗜奇之士恨焉。

天台陈君庭学，能为诗，由中书左司掾，屡从大将北征，有劳，擢四川都指挥司照磨，由水道至成都。成都，川蜀之要地。扬子云、司马相如、诸葛武侯之所居，英雄俊杰战攻驻守之迹，诗人文士游眺饮射、赋咏歌呼之所，庭学无不历览。既览必发为诗，以纪其景物时世之变，于是其诗益工。越三年，以例自免归，会予于京师。其气愈充，其语愈壮，其志意愈高，盖得于山水之助者侈矣。

予甚自愧，方予少时，尝有志于出游天下，顾以学未成而不暇。及年壮可出，而四方兵起，无所投足。逮今圣主兴而宇内定，极海之际，合为一家，而予齿益加耄矣。欲如庭学之游，尚可得乎？

然吾闻古之贤士，若颜回、原宪，皆坐守陋室，蓬蒿没户，而志意常充然，有若囊括于天地者。此其故何也？得无有出于山水之外者乎？庭学其试归而求焉，苟有所得，则以告予，予将不一愧而已也。

——选自宋濂《送天台陈庭学序》

解惑

西南山水，只有川蜀最奇特。然而距离中州万里，陆路有艰险的剑阁栈道，水上有令人忧虑的瞿塘、滟滪。如果骑马走，那么竹林山高的地方，接连十天不见它的顶峰和边际。站在高处向下俯视，万仞绝壁，深远到一点也不能推测它的尽头，心里非常害怕。如果从水上走，那么江石凶悍锋利，凶恶的波浪，多变的漩涡，小船偏失一点尺寸，就立即破碎，像土块一样沉入水底，喂饱鱼鲎。前往川蜀的难度就到了如此地步。所以不是有权有力气的人，不可以游；不是有才能文的人，即使游了也得不到什么；不是强壮的人，很多人老死在这个地方。爱好奇山异水的人很遗憾这种情况。

天台的陈庭学，能做诗，因为做中书左司掾，多次跟从大将向北征讨，取得功绩，升四川指挥司照磨，从水道到成都。成都，是川蜀的重要地方。扬子云、司马相如、诸葛武侯居住的地方，留有英雄豪杰战攻驻守的痕迹，诗人文士游玩眺望饮酒赋诗的场所，庭学没有不游览的，游览完后一定作诗，来记录那时景物和时代、时间的变化。于是他的诗越发精巧了。过了三年，庭学按惯例自己辞职归家，在京师碰上我。他的精神愈加充实，他的语言愈加雄壮，他的志向更加高远，大概是得益于山水的帮助很多吧。

我很是羞愧，正在我年少时，曾在出游天下方面立有志向，只是因为学业未成而没时间顾及。到壮年可以出游，而战事四起，没有落脚之处。直到现在圣明的君主即位，天下安定，四海统一，可是我也更加老了。想像庭学一样游玩，还有可能吗？

然而我听说古代贤明的人，像颜回、原宪，都不受干扰地安守陋室，蒿草淹没了住处，可是他们的志向总是很充沛的样子，像囊括了天地精华一样。它的原因是什么呢？莫不是有超出于山水之外的东西滋养了他们？庭学千万试着在归来后探求这事，如果有收获，就把它告诉我，那样的话，我将不只是惭愧而已。

明鉴

宋濂的人和文

宋濂（1310—1381 年），明朝开国元勋，字景濂，号潜溪，别号龙门子、玄真遁叟等，明初文学家。他家境贫寒，但自幼好学，曾受业于元末大家吴莱、柳贯、黄溍等。他一生刻苦学习，“自少至老，未尝一日去书卷，于学无所不通”。元朝末年，元顺帝曾召他为翰林院编修，他以奉养父母为由，辞不应召，修道著书。

明朝立国，朝廷礼乐制度多为宋濂所制定。朱元璋称他为“开国文臣之首”，刘基赞许他“当今文章第一”。在我国古代文学史上，宋濂与刘基、高启并称为“明初诗文三大家”。他以继承儒家封建道统为己任，为文主张“宗经”“师古”，强调“辞达”，注意“通变”，要求“因事感触”而为文。其著作取法于唐宋，以传记小品和记叙性散文为代表，散文内容充实，或质朴简洁，或雍容典雅，各有特色。其所撰《送东阳马生序》等传为千古名篇。

《送天台陈庭学序》是宋濂为友人陈庭学所作的赠序，是借送别论诗文创作之序。这篇文章的主旨是勉励友人尊孔读经，不断进修德业。作为规劝之文，辞气直露往往不能很好地传达规劝者的殷切之意，不易达到规劝说理的目的。为文素以温柔敦厚、雍容中和著称的宋濂深味个中奥秘，他在文中既充分肯定友人陈庭学游川蜀山水，览自然人文景观，从中得到陶冶，越三年，“其诗益工”，而“其气愈充，其语愈壮，其志意愈高，盖得于山水之助者侈矣”。同时，他也采取委婉含蓄、以情动人的手法，曲折、得体地表达了规劝的主旨，即在辞归后，还应该去寻求山水之外更高的东西（孔学儒道），像颜回、原宪那样“坐守陋室”，修身养性。其殷切期望之情与勉励修身之理有机交融，使文章起伏多姿，令人玩味，虽距今已六百多年，但我们读来，仍感受益颇多。

陈庭学的读书行路

天台人陈庭学广游川蜀自然和人文景观，“扬子云、司马相如、诸葛武侯之所居，英雄俊杰战攻驻守之迹，诗人文士游眺饮射、赋咏歌呼之所，庭学无不历览”，从中得到陶冶。可贵的是，陈庭学每游一处，必思古凭吊，有感而发，寄予情怀。我们后世学习为文者，理当从中得到启发。

古人云：“读万卷书，行万里路。”在今天，笔者以为这句话至少有两层意思。

其一，热爱游览者，能通过游历，欣赏大自然中美好的景物，探寻和发现大自然运行的规律与奥妙，从中汲取艺术创作的宝贵灵感和资源。我国汉代著名史学家、文学家、思想家司马迁，年轻时一次次游历名川大山，走访民间，了解民风，为他以后写《史记》积累了宝贵的素材。画界大师张大千绘画时，十分强调从大自然中寻求灵感，一生广游海内外名山大川，无论是辽阔的中原、秀丽的江南，还是荒莽的塞外、迷蒙的关外，无不留有他的足迹。他在一首诗中写道：“老夫足迹半天下，北游溟渤西西夏。”他曾经说过：“名山大川，熟于胸中，胸中有了丘壑，下笔自然有所依据。”画家的笔墨点染中，展现着气象万千的瞬间。因此，哪怕只是欣赏山水名画，也能让我们感受到大自然的无穷魅力。“江南园林甲天下，苏州园林甲江南”的苏州园林之所以闻名遐迩，其中的核心之一就在于其折射着取法自然而又超越自然的深邃意境。

其二，行路跟读书是互补的。读书是静态的，行路是动态的，行路眼观耳识，能补读书静态之不足。张大千还曾说：“多看名山巨川、世事万物，以明白物理，体会物情，了解物态。”因此，行路可以帮助行者考察认识朴实的民风、真实的民情和社会，实际上是一种实践的过程，积累人生经验的过程。只有既读书又实践，才能使死的知识活化为实用、有价值的知识，这样的人生才能进步更快！

无怪乎西方哲人培根曾说：“游历是青年人受教育的一部分。”其实，从大自然中受到教育和力量，获得智慧与灵感，又岂止是青年人的专利？

师说

序里言外

游历非常重要，人生需要游历。尤其是在生活日益物质化的今天，当我们走出钢筋水泥围筑的居所，选一块哪怕不堪称名胜却包容我心的地方，去放牧“情感的奔马”的时候，当我们以原本孩童一样的生命亲近自然、倾听自然美妙呼吸的时候，我们会顿生生命和自然纷驰万象、贯通交触的感慨，会获得生命和生活历程中前所未有的新体验和新感受。在登山的汗水淋漓中，我们会情满于山；在观海的浪漫遐想中，我们会意溢于海。通过游历，我们可以得到最痛快的宣泄和最舒心的慰藉。

然而，宋濂又婉转、恳切地希望陈庭学达到取法于自然的更高境界。

宋濂以古之圣人颜回、原宪“坐守陋室，蓬蒿没户，而志意常充然，有若囊括于天地”的事例，诱导陈庭学思考，即有一种东西，是山水不能给你的；有一种精神，是游历不能给你的；有一种境界，是除了苦思冥想以外所不能达到的。他希望“庭学其试归而求焉，苟有所得，则以告予，予将不一愧而已也”。

宋濂向陈庭学抛出了一个希望深思的问题，当然，宋濂的根本目的不仅仅是让陈庭学思考，更是为了让陈庭学在今后的生活中多加实践和应用。

今天的旅行全都转换成了视觉，只有通过“地标目击”才能确认自己在哪里，甚至最后观看地标也不够，只能采取自拍。“旅行缺少了跟目的地的摩擦，经验全部符号化，而且这种经验浅薄到你也无法辨认。”

这样的旅游，质量真的需要提升一下了。取法自然非常重要，取法自然的途径也非常多，取法自然的更高境界可以是也应该是自然和山水已经成为自己心中的一部分。

教师有两个令人羡慕的假期。寒暑假里，不少教师纷纷自费外出旅游，足迹远到祖国各地甚至世界各地。不过，我们千万不能忘记这样一个道理：要寄情山水，又要抽离于山水，不可沉醉于山水而不知返。

学思

眼下，除了大热的主题旅游外，还有哪些旅游方式是您比较推重的？

财商：管仲的商战智慧

财之为言才也。凡粟米丝麻材木可用者曰财。

——戴侗《六书故》

说文

钱钟书有一篇兴味盎然的短文，叫《读〈伊索寓言〉》，文中有一个非常新奇的说法："时代愈古，愈在前，它的历史愈短；时代愈在后，它积的阅历愈深，年龄愈多。所以我们反是我们祖父的老辈，上古三代反不如现代的悠久古老。这样，我们的信而好古的态度，便发生了新意义。我们思慕古代不一定是尊敬祖先，也许只是喜欢小孩子，并非为敬老，也许是卖老。"我年轻时读到此处，真有醍醐灌顶之感，对于传统，颇生质疑；岁月如梭，马齿徒增后，却越加觉得先民的智慧放在今天，也并不一定都过时和低下。

比如，近几年才大热的"财商"一词，古人就未必没有相应的处理智慧。

读典

智慧还是智力?

桓公问于管子曰:"楚者,山东之强国也,其人民习战斗之道。举兵伐之,恐力不能过。兵弊于楚,功不成于周,为之奈何?"管子对曰:"即以战斗之道与之矣。"公曰:"何谓也?"管子对曰:"公贵买其鹿。"

桓公即为百里之城,使人之楚买生鹿。楚生鹿当一而八万。管子即令桓公与民通轻重,藏谷什之六。令左司马伯公将白徒而铸钱于庄山,令中大夫王邑载钱二千万,求生鹿于楚。楚王闻之,告其相曰:"彼金钱,人之所重也,国之所以存,明王之所以赏有功。禽兽者,群害也,明王之所弃逐也。今齐以其重宝贵买吾群害,则是楚之福也,天且以齐私楚也。子告吾民,急求生鹿,以尽齐之宝。"楚民即释其耕农而畋鹿。管子告楚之贾人曰:"子为我致生鹿二十,赐子金百斤。什至而金千斤也。"则是楚不赋于民而财用足也。

楚之男子居外,女子居涂。隰朋教民藏粟五倍;楚以生鹿藏钱五倍。管子曰:"楚可下矣。"公曰:"奈何?"管子对曰:"楚钱五倍,其君且自得而修谷。钱五倍,是楚强也。"桓公曰:"诺。"因令人闭关,不与楚通使。楚王果自得而修谷。谷不可三月而得也,楚籴四百。齐因令人载粟处芊之南,楚人降齐者十分之四。三年而楚服。

桓公问于管子曰:"吾欲制衡山之术,为之奈何?"管子对曰:"公其令人贵买衡山之械器而卖之。燕、代必从公而买之,秦、赵闻之,必与公争之。衡山之械器必倍其贾,天下争之,衡山械器必什倍以上。"公曰:"诺。"因令人之衡山求买械器,不敢辩其贵贾。齐修械器于衡山十月,燕、代闻之，果令人之衡山求买械器。燕、代修三月，秦国闻之，果令人之衡山求买械器。衡山之君告其相曰："天下争吾械器，令其价再什以上。"衡山之民释其本，修械器之巧。齐即令隰朋漕粟于赵。赵籴十五，隰朋取之石五十。天下闻之，载粟而之齐。齐修械器十七月，修粜五月，即闭关不与衡山通使。燕、代、秦、赵即引其使而归。衡山械器尽，鲁削衡山之南，齐削衡山之北。内自量无械器以应二敌，即奉国而归齐矣。

——选自《管子·轻重》

聚而必散，物理之常？

"借书一瓻，还书一瓻"，后讹为"痴"，殊失忠厚气象。书非天降地出，必因人得之，得而秘之，自示不广，人亦岂肯以未见者相假。杜暹家书，末自题云："清俸买来手自校，子孙读之知圣道，鬻及借人为不孝。"鬻为不孝，可也；借为不孝，过也。然余手抄书，前后遗失亦多，未免往来于怀。因读唐子西《失茶具说》，释然不复芥蒂。其说曰："吾家失茶具，戒妇勿求。妇曰：'何也？'吾应之曰：'彼窃者，必其所好也。心之所好，则思得之，惧吾靳之不予也而窃之，则斯人也，得其所好矣。得其所好则宝之，惧其泄而秘之，惧其坏而安置之，则是物也，得其所托矣。人得其所好，物得其所托，复何言哉！'妇曰：'嘻，是恶得不贫！'"余亦云。

聚而必散，物理之常。父兄藏书，惟恐子弟不读；读无所成，犹胜腐烂箧笥，旋致蠹书之变。陈亚少卿藏书千卷、名画一千余轴，晚年复得华亭双鹤，及怪石异花，作诗戒其后，曰："满室图书杂典坟，华亭仙客岱云根。他年若不和花卖，便是吾家好子孙。"亚死，悉归他人。

——选自周煇《清波杂志》

髯樵贱值果利乎？

明季吴县洞庭山乡，有樵子者，貌髯而伟，姓名不著，绝有力。每暮夜樵采，独行山中，不避蛇虎。所得薪，人负百斤而止，髯独负二百四十斤，然鬻于人，止取百斤价。人或讶问之，髯曰："薪取之山，人各自食其力耳。彼非不欲多负，力不赡也。吾力倍蓰而食不兼人，故贱其值。且值贱，则吾薪易售，不庸有利乎？"由是人颇异之，加刮目焉。

——选自《虞初新志·卷八·髯樵传》

解惑

桓公向管仲问道："楚国，是崤山以东的强国，它的人民娴熟于战斗的方法。如果派军队攻伐它，只怕我们的实力不能胜过它，会兵败于楚国，这应该怎么办呢？"管仲回答说："就用战斗的方法来对付它。"桓公说："这怎么讲？"管仲回答说："您可用高价收购楚国的鹿。"

桓公便营造了百里鹿苑，派人到楚国购买活鹿。楚国的鹿价是一头八万钱。管仲首先让桓公通过民间买卖，贮藏了国内粮食十分之六；再派左司马伯公率领壮丁到庄山铸币；然后派中大夫王邑带上二千万钱到楚国收购活鹿。楚王得知消息后，告诉丞相说："那钱币是人们看重的东西，国家靠它维持存在，英明的君主用它赏赐功臣。禽兽，是一群有害的东西，是英明的君主应当抛弃驱逐的东西。现在齐国用它珍贵的宝物高价收买我们的害兽，这是楚国的福分，上天将用齐国的金钱偏爱楚国。你通告我的百姓赶快去寻找活鹿，来换尽齐国的财宝。"楚国百姓就放弃耕种农田来猎捕活鹿。管仲还对楚国商人说："您给我贩来活鹿，二十头就给您黄金百斤；十倍（二百头）就给您黄金千斤。"这样楚国即使不向百姓征税，财富也充足了。

楚国男女都在外面找鹿。隰朋让齐国百姓贮藏了五倍于过去的粮食，楚国凭借出卖活鹿贮藏了五倍于过去的钱币。管仲说："楚国可以攻克了。"桓公说："怎么办?”管仲回答说:“楚国贮藏的钱币增加了五倍,楚王将以自得的心情经营农业。”桓公说:“好。”于是派人封闭关隘,不和楚国互通使节。楚王果然非常得意,开始经营农业。但粮食不是几个月就能生产出来的,楚国买一石粮食要四百钱。齐国便派人运粮到芊地的南部出卖,楚人十分之四都投降齐国。几年之后,楚国就降服于齐国了。

桓公向管仲问道:“我想要找到控制衡山国的办法,这应该怎么办?”管仲回答说:“您可以派人出高价收购衡山国的兵器进行转卖。这样,燕国和代国一定跟着您去买,秦国和赵国听说后,一定和您争着买。衡山兵器必然会价格翻倍。如果天下争相购买,衡山国兵器必然涨价十倍以上。”桓公说:“好。”于是派人到衡山寻找、收购兵器,不敢同他们讨价还价。齐国实行购买衡山国兵器的策略十个月以后,燕、代两国听说,果然派人去衡山国买兵器。燕、代两国实行这一策略三个月以后,秦国听说了这一消息,果然也派人去衡山国购买兵器。衡山国君告诉宰相说:“天下各国争相购买我国兵器,可让兵器价钱提高二十倍以上。”衡山国的百姓于是都放弃农业,发展制造兵器的工艺。齐国则派隰朋到赵国购买粮食,赵国粮食每石十五钱,隰朋按每石五十钱收购。天下各国听说这一消息,都运粮到齐国来卖。齐国用十七个月的时间购买兵器,用五个月的时间收购粮食,然后就封闭了关隘,不和衡山国互通使节,与衡山国断绝了关系。燕、代、秦、赵四国也把自己的使者从衡山召回国了。衡山国的兵器已经卖光,鲁国侵占了它的南部,齐国侵占了它的北部。衡山国自己估量没有兵器来招架两个敌国,便奉送国土,归降齐国了。

选段二讲的是大概在唐代印刷术流行之前,得书不易,全靠手抄,借书还书都是了不起的事,大家彼此都很珍重,所以才有“借书时要送上一瓻酒,还书时还要送上一瓻酒”的美德。瓻,是一种盛酒的器具。古人向人借书,以瓻盛酒为酬。可惜,这个“瓻”后来讹传为“痴”,很是失去了忠厚的意味。书不是从天而降、从地下生出的,一定是通过他人得来的,得来了书,秘藏起来,只是自己看,不给他人看,人们也不肯把自己没见过的书借给别人。唐朝宰相杜暹在家书末尾写道:“我用清廉的俸禄买来了书,亲手校对,子孙如果读这些书,就知道圣贤之道;把书卖给他人以及借给他人都是不孝的行为。”把书卖掉称之为不孝,是可以的;把书借给别人称之为不孝,就过分了。然而我亲手抄写的书,前前后后遗失的也很多,未免耿耿于怀。因为读了唐子西的《失茶具说》,心中的不快就消失了。书中说:“我家丢失了茶具,告诫妻子不要去找了。妻子问:'为什么?'我回答她:'那个偷茶具的人,必定是喜欢这些茶具。心里喜欢,就想着得到它,但怕我舍不得它,所以把它偷去了。那么,这个人啊,得到了自己喜欢的东西了;得到了自己喜欢的东西就会把它当作宝贝,就会把它秘密地藏起来,就会怕它损坏而安稳地放置好。那么,这茶具也就找到了值得托付的人了。这个人得到了自己喜欢的茶具,这茶具也找到了值得托付的人,我还有什么话讲呢?'妻子说:'嘻,像你这个样子,怎么会不穷呢!'"对自己抄写的书遗失之事,我也是这么想的。

事物积聚之后必定会散去,这是常理。父兄藏书,只怕子弟不读;即使子弟读书没有什么成就,也要比让书烂在书箱里,很快招来被虫蛀坏的后果要好。陈亚(字少卿)藏书千卷、名画一千多幅,晚年又得到了华亭府的两只鹤,以及形状奇特的石头、品种奇异的花卉。他写了一首诗告诫子孙,说:"我有满屋的图书和典籍,又有从泰山云雾深处飞来的华亭仙鹤。以后你们如果不把这些书与仙鹤连同花一起卖掉,就是我家的好子孙了。"陈亚死后,书、仙鹤和花全都属于别人了。

选段三讲的是明朝末年,吴县洞庭山的乡村中,有个打柴的人,满脸大胡子并且身材魁伟,姓名不为人所知,极有力气。他常在夜间打柴,独自一人在山中行走,不怕碰上毒蛇猛虎。打的柴草,别人只能背一百斤,髯樵独自能背二百四十斤,但是卖给别人,只收取百斤柴的钱。有人惊讶地问他,髯樵说:"柴取自山中,人们都是自食其力罢了。他们不是不想多背,而是力量没有那么大。我的力量是别人的两倍,但吃饭并不是别人的两倍,所以我压低了价钱。再说,价钱压低了,我的柴就容易卖,这难道不是有好处吗?"因此人们都认为他是个奇异的人,对他更加刮目相看了。

明鉴

智慧和智力不一样

智力主要是人与人之间的差异,不太容易通过训练提高。而智慧是个体面对不同情况时表现出来的应对差异,如果我们多熟悉一些不同的局面,也许我们就能学会更多的使用智慧。据研究，有别人在场的时候，我们更容易从其他的视角去看问题，这个“别人”，有时是身边的“别人”，有时是远方的；有时是历史上的“别人”，有时是文学作品中的。

这也是我们常温文史的价值所在。

选段一再现了齐国在成为霸主过程中的种种谋划运作。它听上去很有现代人运用经济和金融手段，炒高某种价格，恶意做庄，再迅速“关门打狗”，制敌于死地的感觉，令人惊心动魄。

桓公要争霸，他听从管仲建议，制定从楚国购买生鹿和从衡山国购买兵器的战略，牺牲了眼前的财货，但是却争取到了长期的国富兵强。而楚王和衡山国王则贪恋眼前的财富，放弃了在长远的未来对自己国家至关重要的农业和军事，导致了国家的衰落和灭亡。这段故事给我们的启示是多方面的：粮食安全及军事储备对于一个国家是至为重要的；管子深谋远虑，知己知彼，神机妙算，不战而屈人之兵；桓公能择善而从，从谏如流；君臣上下一心，才是成功实施谋略的保证；楚王与衡山之君鼠目寸光，因小失大——风物长宜放眼量，眼前利益贪不得！

当有眼前财富在诱惑你的时候，是否还能保持清醒的头脑，正确地应对，需要的不仅是一个人财富方面的知识积累和运作技巧，还有其他方面的软实力。如他在智识上的谦逊，即知道未来是不确定的，想要合理评估一件事情，需要掌握更多的信息；又如他能否超越自我，即知道自己可能会当局者迷，因而能从旁观者的角度看问题，这样结果也许会更好；还如多考虑别人的观点，知道不同观点的利弊，能理解各方立场，不光考虑自己，也考虑别人，最终达成妥协。

科学研究表明，个体面对不同情况，表现的智慧水平不一样，一个人面对这种情况的时候有智慧，面对另一种情况的时候可能就没有智慧。比如齐桓公，当他决定重用管仲的时候，他是有智慧的；但当他不舍得驱逐佞臣的时候，他又是不智的。同理，楚国和衡山国两个国君，当他们决定同齐国交易的时候，他们并没有意识到自己上钩了，这笔买卖怎么看都是划算的嘛！而且，他们做错了最关键、最核心的事，以致引来亡国后果，但这并不意味着他们就是弱智。遗憾的是，这个结论，却正是能引得后来人继续步其后尘的重要原因：人人都自诩聪明，并且以为自己一事聪明百事聪明，结果，小聪明栽倒在大智慧前！

聚而必散，未必是物理之常

选段二出自宋代周煇的《清波杂志》。《清波杂志》是宋人笔记中较为著名的一种，记载了宋代的一些名人逸事，保留了不少宋人的逸文、逸诗和逸词，记载了当时的一些典章制度、风俗、物产等。选段饶有生活情趣地记录了他对借书和藏书之类事情的看法。比如，他对杜暹提出的"鬻及借人为不孝"颇有异议，认为"鬻为不孝，可也；借为不孝，过也"；对唐子西的《失茶具说》，则心有戚戚焉，欣然说"余亦云"。他还借陈亚死后，书、仙鹤和花全都属于别人一事，强化了自己对替子孙积藏行为的否定。文中的议论与记述，表达了他自己的收藏观。这也许是他天性对财富不十分在意，也许跟他一生经历了靖康丧乱，目睹财富如何灰飞烟灭、学者怎样斯文扫地有关。他的看法有合理的成分，也有偏颇消极之处，这是我们阅读时应该注意的。

合理之处在于，家长无须为子孙规定得太多太具体。文人爱书、爱画、爱山石，比起只知爱钱的庸人自是雅贵清新了许多，但己所欲，也不能强施于人。子孙后代作为独立的个体，有发挥自己喜好的权利，无继承光大前辈喜好的必然职责。幸而过去知识更新速度比较慢，知识的载体也就有保存收藏的价值。我遇到过一位家长，收存了他自己读书期间的笔记、作业，几大摞，准备要让他的女儿学不懂的时候翻翻——他真是想多了！从笔记的整齐和详细程度，可以推知他当年如何用心用功，确实可以作为女儿的榜样；但意欲以此助力女儿解决学科学习中的疑难问题，则忽略了学业难度的极大增加和学业内容的极快更新。

偏颇消极之处在于，由个体个案，得出"聚而必散，物理之常"的消极结论。正常情况下，适度的积累收藏，是家国物质财富保值、精神财富传承的必经之途。仅就前者而言，有研究认为，善于储蓄正是目光长远、肯为日后打算的高智商的表现，对此我们不能嘲笑和否定。

因此，一方面，聚未必散，也是物理之常；另一方面，更多的时候我们需要为子孙后代、为我们的社会作些积聚，以助力发展进步之需。

贱卖也有不利面

第三段故事中的这个"髯樵"，天生力气大，心地善良，因为"力倍蓰而食不兼人”，就主动降价处理自己的柴禾，也体会到了“值贱，则吾薪易售”的好处。至少在作者的字里行间，我们可以看出他对“髯樵”的欣赏态度，大概是觉得“髯樵”没有贪得无厌之心，却有慈怜弱小之怀吧。

“髯樵”做得对不对呢？恐怕要一分为二地说。

就他个人而言，衣取蔽体，食取果腹，他的柴禾哪怕白送给陌生人，也是他可以自己做主、自由支配的事。

但同在一个市场上，他这样做，有低价倾销之嫌。他越砍得多，卖得贱而快，就越容易造成市场饱和，造成价格失真，因而对其他卖柴禾的人就越不利。

他的柴禾的价格，其实不是由他说了算的，而是由在这个市场上的其他人，包括买方和卖方，一起决定的。这样看来，“髯樵”的柴禾价格，还是按照同行公议，执行市场价比较好。至于慈怜弱者、不贪多务得，可以待售出柴禾之后，通过捐款、做慈善、做公益等方式达成。

师说

我们有时候一厢情愿地以为当代人一定各方面都比古代人懂得多，思想比古人先进，智慧比古人高超。上述故事告诉我们，其实未必。春秋时的管仲，在运用金融等经济手段方面出神入化，超迈古今群伦；后面两个例子中的主人公，虽然时代距今天更近，也曾经得到过人们的称扬，却经不起仔细推敲，算是徒有淡泊物质的虚誉。

个体财商欠缺，直接影响生活质量；群体财商欠缺，在国际金融交往中就常常失算。而当居民手中有点闲钱的时候，提高财商就变得更加迫切了。网络搜索一下，你会找到很多宣称开设财商课程的社会办学机构。其实，上海有不少学校也开设了这类课程。长宁区建青学校为本校小学生开财商课，邀请证券公司、国有银行的工作人员开讲座，也欢迎家长旁听。实践证明，小学生能听得懂，家长也反映收获很多，课程开设的效果非常好。

静安区一中心小学也开设了财商课程，有四个模块，学生不分年级，均可报名参加。“奇妙的世界货币”模块，借助多媒体，学生可以了解流通货币，学会辨别世界主要流通货币，普及世界货币体系常识。“我是网络小能手”模块，让学生认识与辨别社会上资金清算的方式，了解现代支付方式。“小小理财家”模块，普及债券的相关知识，了解黄金的投资手段，了解近代黄金、白银的地位以及其他新兴的投资方式。“玩玩大富翁”模块，通过分组游戏，了解规则，体验存钱取钱换算盈利，展示买卖房屋和银行存钱等环节，让学生在游戏中体验社会交易。

开设财商课程，内容来源可以更加广泛一些。我国经典作品中这类资源是有的，如《史记》中就已经有《货殖列传》，再如上述的几个与财商有关的故事，也都是可以列入课程内容的优质资源。

学思

财商课程中，“挣钱与攒钱”的知识技能跟“投资理财的风险意识”相比，哪一个更重要？

教师怎样身处团队

教育是两个字组成的，“教”的是知识，“育”的是文化。

——马云

人类天性爱群居，群居中难免有交流与碰撞，解释、说明、辩论、驳斥、道歉、称扬，都要用到语言而又不止于语言。一言不合而交恶，一语投缘情意增。语言太重要了！

普通教师、学校领导、全体学生、其他职员，构成了学校场景中的人际图谱。人生难免有起伏，学科教学的道路上也有成就大小之别。普通教师或新晋领导，面对昔日平起平坐的学科同侪或曾经尊敬有加的单位元老，当需要劝服对方或接受对方指正时，怎样才能做得更好？即我们如何与同侪愉快地彼此促进式相处？

语言，通俗地说就是我们说的话，在人际交往中占据着最基本、最重要的位置，能随着时间、场合、对象的不同，而表达出各种各样的信息和丰富多彩的思想感情。从古至今，从文言到白话，语言也在随着时代而发展，作为一门表达的艺术，在各个时代、各个领域，它所展现出来的魅力都是无限的。

我国古代典籍中充满了交流的智慧，辨别欣赏并有效运用这些智慧，可以使我们人生更有趣味，更见成效，更具意义。

同时，当代网络发达、“微交流”兴盛，彼此交流、传播的资源变得极其丰富，既有真知灼见，也有高谈虚论，甚至有不实传言。谦虚、理智，既借鉴又明察，则变得格外重要。作为所处小环境里文化构成的一分子，从古人典籍中探求运用语言的智慧，提升乐群乐业的能力，是教师修身的重要内容。

说服：庄周无剑说赵王

鲰生说我曰："距关，毋内诸侯，秦地可尽王也。"

——《史记·项羽本纪》

说文

在人与人的相处中，交流与沟通非常重要，而人与人之间交流思想、沟通感情最直接、最方便的途径就是语言。在学校的日常工作中，特别是师生交流，教师要达到晓之以理、润物无声的效果，更需要在语言的交流与沟通上做足功夫。

美国人早在20世纪40年代就把"会说话、金钱、原子弹"看作在世界上生存和发展的三大法宝；60年代以后，又把"会说话、金钱、电脑"看成最有力的三大法宝。"会说话"一直独冠三大法宝之首。我们由此足以见到"会说话"的作用和价值。在我国古代典籍中，庄子运用语言交流与沟通的艺术便能给我们很多有益的启发，下面就是一段庄子说服赵文工愉快地做出改变的故事。

读典

庄子说剑

昔赵文王喜剑，剑士夹门而客三千余人，日夜相击于前，死伤者岁百余人，好之不厌。如是三年，国衰，诸侯谋之。太子悝患之，募左右曰："孰能说王之意止剑士者，赐之千金。"左右曰："庄子当能。"

太子乃使人以千金奉庄子。庄子弗受，与使者俱往，见太子曰："闻太子所欲用周者，欲绝王之喜好也。使臣上说大王而逆王意，下不当太子，则身刑而死，周尚安所事金乎？使臣上说大王，下当太子，赵国何求而不得也！"太子曰："然。吾王所见，唯剑士也。"庄子曰："诺。周善为剑。"太子曰："今夫子必儒服而见王，事必大逆。"庄子曰："请治剑服。"治剑服三日，乃见太子。太子乃与见王。

庄子入殿门不趋，见王不拜。王曰："子欲何以教寡人？"曰："臣闻大王喜剑，故以剑见王。"王曰："子之剑何能禁制？"曰："臣之剑，十步一人，千里不留行。"王大悦之，曰："天下无敌矣！"

庄子曰："夫为剑者，示之以虚，开之以利，后之以发，先之以至。愿得试之。"王曰："夫子休，就舍待命。令设戏请夫子。"王乃校剑士七日，死伤者六十余人，得五六人，使奉剑于殿下，乃召庄子。王曰："今日试使士敦剑。"庄子曰："望之久矣。"王曰："夫子所御杖，长短何如？"曰："臣之所奉皆可。然臣有三剑，唯王所用，请先言而后试。"

王曰："愿闻三剑。"曰："有天子剑，有诸侯剑，有庶人剑。"王曰："天子之剑何如？"曰："天子之剑，以燕谿石城为锋，齐岱为锷；包以四夷，裹以四时；制以五行，论以刑德；上决浮云，下绝地纪。此剑一用，匡诸侯，天下服矣。”文王芒然自失，曰：“诸侯之剑何如？”曰：“诸侯之剑，以知勇士为锋，以清廉士为锷；上法圆天以顺三光，下法方地以顺四时，中和民意以安四乡。此剑一用，四封之内，无不宾服而听从君命者矣。”王曰：“庶人之剑何如？”曰：“庶人之剑，蓬头突鬓，垂冠，瞋目而语难。相击于前，上斩颈领，下决肝肺，无异于斗鸡，一旦命已绝矣，无所用于国事。今大王有天子之位而好庶人之剑，臣窃为大王薄之。”

王乃牵而上殿。宰人上食，王三环之。庄子曰：“大王安坐定气，剑事已毕奏矣。”于是文王不出宫三月，剑士皆服毙其处也。

——选自《庄子·说剑》，有删节

解惑

《庄子·说剑》写的是这样的故事：战国时代，赵文王热衷于剑术，整天与剑士为伍而不料理朝政，以致民间尚剑之风大盛，侠客蜂起，游手好闲之徒日众，耕田之人日益减少，田园荒芜，国力渐衰。其他诸侯国意欲乘此机会攻打赵国。

应太子赵悝之邀，庄子前往游说。面对长剑出鞘、白刃相待的文王，庄子气宇轩昂，神色萧然，不卑不亢，甚至见赵文王也不行拜见之礼。他开门见山：“臣闻大王好剑，故特以剑术拜见大王。我的利剑锋利无比，剑技天下无双，十步杀一人，千里不留行。”文王听罢，不由大为欣赏，赞道：“天下无敌矣！”赵文王问庄子：“不知先生要持什么样的剑？长短何如？”庄子答：“臣持什么剑都可以。不过臣有三剑，专为大王所用。请允许我先言后试。”

庄子在赵文王毫无防备的情况下纵论三剑和剑道：“此三剑分别是天子剑、诸侯剑、庶人剑。其中天子之剑，制以五行，论以刑德，开以阴阳，持以春夏，行以秋冬，此剑一出，能够统治诸侯，威加四海，德服天下；诸侯之剑，上法圆天，下法方地，以顺四时，中和民意，以安四乡，此剑一用，如雷霆之震动，能够称霸于诸侯，四海之内，无不宾服而听从君命；庶人之剑，由蓬头突鬓、帽子低垂、浓眉长须者所持，只是一种世俗斗鸡之儿戏，一旦不慎，命丧黄泉，并不能达到统治国家的目的。”见赵文王沉浸于自己所描述的剑道中，庄子趁机指出赵文王的要害：“今大王坐天子之位，却好庶人之剑，臣窃为大王深感遗憾！”赵文王听后，沉思良久。此后，他三月未出宫门，终于戒绝好剑之痛，一心治理国家，而“剑士皆服毙其处也”。

明鉴

庄子其人

庄子（约前369—前286年），名周，字子休（一说子沐），战国时期宋国蒙人，著名的思想家、哲学家、文学家，道家学派的代表人物，老子哲学思想的继承者和发展者，有代表作《庄子》。

那么庄子是一个怎样的人呢？我们不妨从其思想和表达两个方面来认识他。

先说他的思想。庄子生活在战国时期，与梁惠王、齐宣王同时，比孟轲的年龄略小，曾做过漆园小吏，生活十分穷困，却淡泊名利。楚王听说其贤德，便派使者以千金相赠，并邀请他出任宰相，但被庄子拒绝。因其主要思想和精神归依于老子的哲学，故后世将他与老子并称为“老庄”，他们的哲学也被称为“老庄哲学”。

庄子认为，物即天地万物，人与我皆物，人应当摆脱心灵的任何束缚，抹去心镜上的所有灰尘，还一个清纯空明的天心。甚至于当妻子不幸死去时，他也鼓盆而歌。前来吊唁的好友惠子责问他道：“人家与你夫妻一场，为你生子、养老、持家，如今去世了，你不哭亦足矣，还鼓盆而歌，岂不太过分、太不近人情了吗？”庄子说：“当妻子刚刚去世的时候，我何尝不难过得流泪！只是细细想来，妻子最初是没有生命的；不仅没有生命，而且也没有形体；不仅没有形体，而且也没有气息。在若有若无、恍恍惚惚之间，那最原始的东西经过变化而产生气息，又经过变化而产生形体，又经过变化而产生生命。如今又变化为死，即没有生命。这种变化，就像春夏秋冬四季那样运行不止。现在她静静地安息在天地之间，而我却还要哭哭啼啼，这不是太不通达了吗？”

有学者言：“庄周真是一位旷世的大哲人，同时也是一位绝世的大文豪。你只要读过他的书，自会被他说动你的心。”

本篇中，庄子由天子剑、诸侯剑和庶民剑这三剑说起，以剑喻治政的方法，委婉地指出赵文王的所为实际上是庶民之剑。他传达的信息是，每个人都应该积极发展与其人生角色匹配的兴趣爱好，希望赵文王能仗天子之剑——而劝说赵文王为政当无事，不要争斗，反映的正是庄子“清静无为”的思想及道家“无为而治”的政治主张。

再说他的表达。庄子的文章想象力很强，文笔变化多端，具有浓厚的浪漫主义色彩。后人读《庄子》中的名篇《逍遥游》《齐物论》《养生主》等，常常爱不释手。在《逍遥游》中，庄子向我们所展示的鲲鹏形象气势磅礴、传神生动，他说，北海里有一条叫作鲲的大鱼，不知道有几千里大。它变成一只叫作鹏的大鸟，其背也不知有几千里大。鹏奋起而飞的时候，翅膀像云一样遮蔽了天空，趁着海水波动的时候飞往南海，翅膀拍着海水，激起三千里的浪花，像旋风一样冲上九万里的高空。作者心目中那种为一般人难以理解和想象的高远哲学境界生动地呈现在我们的眼前，展现了深刻的作品主题：庄子要求超越时间和空间，摆脱客观现实的影响和制约，忘掉一切，在主观幻想中实现“逍遥”的人生观。在庄子眼中，人就应当不受任何束缚，自由自在地活动。真正的逍遥游是要“乘天地之正，御六气之辩，以游无穷”，也就是要达到至人、神人、圣人那样的忘我、无为、无用、无所待的绝对自由的精神境界。

孟子多采用民间传说故事来加强自己的论辩，韩非多利用历史传说与典故以佐证自己的说理，而《庄子》的寓言大多“皆空语无事实”（司马迁语）。庄子在其散文中，常常借助寓言故事的形式，以极富幽默讽刺的意味，来加强说理。《逍遥游》中的鲲之变化、海运鹏徙、蜩鸠讥笑等寓言情节，使文章充满了奇特的想象，极富有传奇色彩。其他如《养生主》中的“庖丁解牛”、《徐无鬼》中的“匠石运斧”和“猴子逞能”、《秋水》中的“邯郸学步”和“望洋兴叹”、《天运》中的“东施效颦”、《则阳》中的“触蛮之战”、《列御寇》中的“屠龙之技”，庄子借助寓言的事例不胜枚举。在《庄子·山木》篇中，庄子身着粗布补丁衣服，脚着草绳系住的破鞋，去拜访魏王。魏王见后，调侃他：“先生怎如此潦倒啊？”庄子纠正道：“是贫穷，不是潦倒。士有理想而不能施行，才是潦倒；衣破鞋烂，是贫穷，不是潦倒，此所谓生不逢时也！大王您难道没见过那腾跃的猿猴吗？如在高大的楠木、樟树上，它们则攀缘其枝而往来其上，逍遥自在，即使善射的后羿、逄蒙再世，也无可奈何；可要是在荆棘丛中，它们则只能危行侧视，怵惧而过了。这并非其筋骨变得僵硬不柔灵了，乃是处势不便，未足以逞其能也。现在我处在昏君乱相之间而欲不潦倒，怎么可能呢？”

《庄子》全书大小寓言计有二百多个，其中短者二十多字，长者千余字；有些篇目全部由寓言排比而成，有些篇目干脆通篇就是一个寓言。如此丰富的寓言故事，无疑增强了说理的生动性。因此，《庄子》一书对后世文学语言的影响非常大。

《庄子》是中国文化史上最重要的经典之一，它以汪洋恣肆的文字为形式，以不拘常理的观念为内容，向人们展现了一个独特的思想世界，其超常的想象力具有石破天惊、振聋发聩的艺术感染力。千百年来，庄子在中国大多数知识分子心目中的地位十分崇高。鲁迅评价庄子及其作品“汪洋辟阖，仪态万方，晚周诸子之作，莫能先也”。闻一多指出：“寓言成为一种文艺，是从庄子开始的。”郭沫若则盛赞庄子：“秦汉以来的一部中国文学史，差不多大半是在他的影响下发展的。”

师说

跟庄子学沟通

庄子的一生，是主张和践行修身养性、清静无为的一生，他也因此是一个以率性而凸显其特立的人格魅力的人。赵文王知道庄子对他本人无求，心理上对庄子就没有戒备、反感、拒斥，这就利于庄子从容言语，打动对方。

沟通之巧，首在于无求，即内心对对方无所希求。

修辞立其诚。说话的艺术，实质是先有为对方着想的诚意，在此基础上，讲究表达的艺术，达成交流的效果。而有求则有顾忌，有顾忌则易表达不畅或表达不诚。无求，则无由不诚；无求，则即使表达粗糙，也未必不能打动学生内心，达成教育目的。

“言之无文，行而不远。”庄子说理，汪洋辟阖；庄子对赵文王的劝说，理在喻中。

沟通之巧，次在于无痕，即道德说服的过程要不着痕迹。

当意在劝阻规谏时，一上来就暴露说话目的，有时是不明智的。藏起目的，先创造能让自己把话说完、让对方有兴致听到底的语言环境非常重要。

庄子知道赵王喜剑，就假说他“以剑见王”，即没有打算“教寡人”，这才有了后面继续对话的空间。

也许有人会说，教师对学生能有什么“求”？早就做到无求了！

其实未必。当一个社会、一个地区、一所学校、一个教师，层层传导地把取得超过别人、超过同行的教学业绩作为自己的奋斗目标时，他就非常自然地有各种违背“以学生为本”的言行与心态。比如，学校里把数、理、化等容易出成绩的科目放在学生状态最佳的时间段上；教师拖课、争课、多布置作业，以为本学科抢夺学生时间，不由自主地偏爱学科成绩好的学生，把可能考上大学的学生拉来选学自己的学科而不顾这个学生的真正兴趣和天分……表现在语言上，就是渲染强调本学科的重要性，对一时学业欠佳的学生缺少耐心和爱心。

笔者所言的“无痕”，也是建立在“无求”基础上的无痕。否则，只不过是把自己的“求”掩饰起来，固然语言表达得非常无痕，掩饰得非常巧妙，但对学生的伤害仍然很大。

因此，我们要学学庄子的本心无求的修为和劝说无痕的艺术，以“无求”得“无痕”。

学思

我国流传下来的故事中，总是更强调劝说（劝谏）的一方要讲究劝说（劝谏）的艺术。对此，您怎么看？

相知：狄娄二公同为相

悲莫悲兮生别离，乐莫乐兮新相知。

——屈原《九歌·少司命》

说文

中国人自古就将彼此相交而能相互了解称为相知。在李陵《答苏武书》中就有“人之相知，贵相知心”这样的句子。“老师并不是真的喜欢我。她对我笑得很假。”“老师为了自己拿回扣，硬说我有艺术天分，一天没有训练过，我就去（报考艺术院校）了……（这个劝我去考的老师）就是想让我烧钱！”……是的，学生的感受没有说谎，学生的醒悟也痛且真实。只有对学生发自内心的喜欢、欣赏，你的笑容才能真诚；只有真心为学生长远着想，才能不为外利所惑，不把学生当“人头费”来源……让我们看看先人是怎么做的吧！

读典

朕大用卿，卿知所自乎

狄梁公与娄师德同为相。狄公排斥师德非一日，则天问狄公曰："朕大用卿，卿知所自乎？"对曰："臣以文章直道进身，非碌碌因人成事。"则天久之曰："朕比不知卿，卿之遭遇，实师德之力也。"因命左右取筐箧，得十许通荐表，以赐梁公。梁公阅之，恐惧引咎，则天不责。出于外曰："吾不意为娄公所涵！而娄公未尝有矜色。"

——选自王谠《唐语林》

抑之，以成其德耳

鞠咏为进士，以文学受知于王公化基。及王公知杭州，咏擢第，释褐为大理评事，知杭州仁和县。将之官，先以书及所作诗寄王公，以谢平昔奖进，今复为吏，得以文字相乐之意。王公不答。及至任，略不加礼，课其职事甚急。鞠大失所望。于是不复冀其相知，而专修吏干矣。其后，王公入为参知政事，首以咏荐。人或问其故，答曰："鞠咏之才，不患不达。所忧者气峻而骄，我故抑之，以成其德耳。"鞠闻之，始以王公为真相知也。

——选自魏泰《东轩笔录》

解惑

第一个故事是唐朝时，狄梁公与娄师德一同担任国相。狄仁杰排斥娄师德不是一天了，武则天问他："朕重用你，你知道原因吗？"狄仁杰回答说："我因为文章出色和品行端正而受到重用，并不是无所作为、依靠别人的。"过了一会儿，武则天对他说："我曾经不了解你，你受重用，其实是娄师德的功劳。"于是令侍从拿来文件箱,拿出十几篇推荐狄仁杰的奏折给狄仁杰。狄仁杰读了之后,羞愧得自我责备,武则天没有指责他。狄仁杰退出后说:“我没想到竟一直被娄大人包容!然而娄公从来没有自夸的神色。”

第二个故事是有关鞠咏其人与其事。鞠咏,字咏之,开封(今河南省开封市)人,北宋仁宗年间文士。据《宋史》记载:“咏十岁而孤,好学自立。举进士,试秘书省校书郎,知钱塘县,改著作郎,知山阴县。仁宗即位召为监察御史,著有《道释杂言》数十篇。”

选段中,鞠咏参加考进士,凭借文学功底受到王化基赏识。等到王公主管杭州,咏及第,被授为大理评事,主管杭州仁和县。鞠咏将到任,先把书信和自己作的诗寄给王公,来表达感谢王公往常对自己的激励,以及现在也做官吏,能够以文字交往同乐的心意。王公没有回复。咏到任后,王化基对他一点也不加礼遇,而是非常急切地考核其公务。鞠咏大失所望,于是不再指望他了解自己,而专心于政事。

鞠咏为官,素以正直敢言著称。王化基入朝升为参知政事之后,首先把鞠咏推荐给皇帝。有人问他原因,王化基回答说:“凭鞠咏的才能,不用担心将来不显达。担心的是他恃才傲物、气盛为骄,我故意抑制他,来成全他的德行罢了。”鞠咏听到这话以后,开始把王化基当作真正了解自己的人。

明鉴

相知贵在促大成

鞠咏寄去书信及诗稿的目的不言自明,主要是希望在日后的仕途上更直接地得到王化基的栽培和关照。随信附赠诗稿,一方面意在请恩师赐教,而另一方面则意在显示自己的才学与实力。

王化基接到书信不为所动,也不给“套近乎”者任何特别的礼遇,相反,在政绩核查中却极为苛严。也许,王化基的做法最初很让初涉官场的鞠咏“大失所望”,他也不再认为与王化基“相知”,于是只能“专修吏干”,以勤勉尽职。事实上,正是王化基的立足于长远的“相知”,催化着鞠咏的品格修炼和能力成长。鞠咏后来得到提拔固然有王化基入朝后的举荐之功,但首先是建立在他宦海中勤勉务实努力的基础之上。王化基后来解释原因的良苦之言让鞠咏看到了一位高风亮节者的伟大之处，使他自内心深处感慨，“始以王公为真相知也”。历史上的鞠咏后来果然不负恩师厚望，勤政直言，仗义秉公，官职一直升到监察御史——这时候的鞠咏一定会深知：唯有真相知，才能长相知、永相知；而唯有真知、长知，才是挚友。

而王化基处理师生关系的态度与作为，于朝廷、于百姓、于自己、于鞠咏，都是有益无碍的。

➢ **育人重德，相知贵在促进其德大成**

作为上司，该怎样使用与任用部属？鞠咏初涉官场，难免俗套也情有可原；而上司久居于官场，则应以身立教，让部属从上司的身正为范中感受和“悟”出为人、为官之道。面对下属主动接近（有些时候甚至不惜曲意逢迎）时，“王公不答。及到任，略不加礼，课其职事甚急”，王化基看似“冷”和“严”的态度，其实是其为人正直、为官公正的体现。王化基在杭州知府任上对鞠咏的严加要求、刻意相抑，其实正是出于内心对鞠咏的衷心期待和真正爱护。而到了参知政事任上，王化基“首以咏荐”也绝不是出于私情，他的解释非常坦然：“鞠咏之才，不患不达。所忧者气峻而骄，我故抑之，以成其德耳。”由此可见，王化基是非常重视为人立德、育人重德的。何为相知？相知不是偏袒，不是徇情，而贵在“成其德”。即使在当今时代，德才兼备也仍然是我们党培养、选拔和任用干部的一条基本原则。忽视育人以德、用人以才，必然会形成肮脏的社会文化，形成错误的用人导向，不利于人才辈出，也不利于社会公平，最终只能是毁灭人才、贻误事业。

➢ **正确处理工作团队中的人际关系，特别是上下级关系**

王化基与鞠咏之间的历史佳话告诉我们，身为工作团队中的核心和领军人物，对部属，尤其是原本关系比较亲近的部属，应当严格要求，不加袒护，不徇私情，不分亲疏，以使自己的部属和工作团队在公平、公正和良好的秩序环境下积极发挥才智，合理有序竞争；而下级赢得上级的认可，也应该建立在工作实绩的基础之上。正因为此，王化基的冷淡处置至少给鞠咏上了严肃的一课，鞠咏此后专心于公务，很快就取得了较好的政绩。

曾国藩识人也很有见地。他识人，有一条标准，叫有官气的不要。原因是，有官气的人，倒不是一定已经做过官的，而是指有官场气味者。他认为这种人虽然也有一定才干，也能团结一批人，做成一些事，但爱讲排场，自己不做事，都让别人做；

八面玲珑，溜须拍马，拉帮结派，日子久了，会带坏一支队伍。他认同“绝大学问即在家庭日用之间”，善于从细节中判断一个人是否值得任用，而不是看这个人跟自己是不是有亲戚故旧关系。他最喜欢任用神气安定的人，认为这样的人不为眼前小利所动，沉稳、淡泊，能成大事。他也说，眼前看到的人真有很大才的也不多，但只要这人有上进之心，他就严格地也是热诚地给予栽培。

➤ 真相知在于重德才

朋友贵在“知”，贵在相处“长”。什么是真正的朋友？真正的朋友不是一时的意气用事，两肋插刀，而是相知甚长，所谓“日久见人心，路遥知马力”是也。

有些人，根据对方名位高低、金钱多寡来决定自己和他“相知”与否。对方顺风顺水时，他就到处夸对方，宣扬自己和对方的关系，一来预估对方日后发达，他得提前焐冷锅；一来生怕别人不知道这层关系，对他本人会有不利。对方一朝落难，他就形同陌路，生怕受到牵连；同时开始提炼、总结、编排对方的种种不是，批判起对方来，比谁都要刀刀见血。

真正“相知”，是对事不对人的“相知”，是对你才干德行的“相知”。这样的“相知”，有可能表面上看上去并不亲热。

娄师德对狄仁杰的提携，可以说是出于真相知，出于公心，不受时过境迁的干扰，是人生核心价值的趋同，是一种源自质的美，是除去外表浮华和世间庸俗的美。

➤ 真爱护须建基于整体、长远考虑

不论何种关系，对对方的真正爱护一定是建基于整体、长远考虑的。《战国策》中的名篇《触龙说赵太后》，主要讲述的就是这个道理。战国时期，秦国趁赵国政权交替之机，大举攻赵，并已占领赵国三座城市；赵国形势危急，向齐国求援；齐国一定要赵威后的小儿子长安君为人质，才肯出兵。赵威后溺爱长安君，执意不肯，致使国家危机日深。左师触龙劝说赵威后：“他们（指诸侯国君的被封侯的子孙）当中祸患来得早的就会降临到自己头上，祸患来得晚的就降临到子孙头上。难道国君的子孙就一定不好吗？这是因为他们地位高而没有功勋，俸禄丰厚而没有劳绩，占有的珍宝太多了啊！现在您把长安君的地位提得很高，又封给他肥沃的土地，给他很多珍宝，而不趁现在这个时机让他为国立功，一旦您百年之后，长安君凭什么在赵国站住脚呢？”触龙用“爱子则为之计深远”的道理，说服赵太后以国家利益为重，让长安君在国难当头需要他出力的时候及时出力，质于齐国，换取救兵。

赵威后想明白了，于是同意，方才解除了国家的一时危难。子义听到了这件事，说："国君的儿子啊，国君的亲骨肉啊，尚且不能依赖没有功勋的高位，没有劳绩的俸禄，来守住金玉之类的重器，何况做臣子的呢！"

师说

在一定程度上，师生关系也有点类似于上下级关系。古语甚至有"一日为师，终身为父"的说法。那么，老师应该如何处理师生关系呢？从王化基、曾国藩、触龙等先人的为人处世中，我们一定可以得到启发。

一是了解学生的个性，尽力扬其长，补其短或避其短。

曾经有个学生，家长是村干部，家境也非常不错。小学时成绩百里挑一，到了初中之后，他初一时的班主任恰巧是他的邻居，到处夸赞他，捧他为"天才"，把他夸得飘飘然，傲视群侪，挑剔老师上课进度和质量，学年末考试成绩落到中游。到了初二时，数学已经比较吃力了，他还在怪罪老师水平不够、轻视同学智力不行的老路上执迷不悟。我找他聊天，提醒他这样下去，中考录取有点困难，普通高中也得争取，他非常听不入耳。等到他真的只考了个普通高中，在整个高中读书期间都乏善可陈，最终大学无望的时候，他给我写了一封信，感激我能够"一针见血"说真话，把我比作"藤野先生"，痛悔自己年轻不懂事，现在后悔也晚了。他说最难以尊敬的老师，便是那个捧他上天的班主任！

实施新高考前，学生常常要面临文理分科的选择。曾经有相当长一段时间，有这样一种现象：成绩好的学生，文理科老师都抢，至于这个孩子的天性、禀赋、优长，更适合选什么，则不作考虑。有些家长也不作这方面的考虑。待到学生要填志愿时，老师（常常也是根据学校要求）出于确保本科升学率的考虑，力劝学生填报最保险的最容易"走"（被录取）的志愿，内心深处还觉得自己是"为他好"。近几年，这种现象大大减少了。

二是以公正促成其美德和学业，而不是有意喂养，让他吃独食——果真这样做了，这个优秀生在学生群体中容易受到孤立，他也未必懂得珍惜和感恩；今后没有了专门人员的特别优待，他也有可能不适应。

有人曾在高三学生中做过一个调查，问他们更愿意采取哪种途径产生班干部，结果，在学生自荐、同学推荐、老师安排、轮流担任等几个选项中，学生都排斥“老师安排”。尽管不是每个学生都热心当班干部，但几乎没有学生愿意接受老师安排过来的班干部。个中原因和学生心理，可以反证王化基相知贵在促大成的高瞻远瞩，对有潜力的下属的真正爱护。所以，如果你真的对学生负责，请把他放到自由公正的环境里放养吧！

学思

学校除了让学生获得知识技能方面的成长之外，还要设法让学生获得德体美劳等方面的成长。从人的成长角度来看，学校这样做的价值在哪些方面？

对话：晏子景公好搭档

话，合会善言也。

——《说文》

说文

晏子执着劝谏齐景公的历史故事，让我们看到春秋版的“乾隆与纪晓岚”。历史典籍中的晏子，面对齐景公时，为国事而不计个人得失，执着不弃，劝谏不已，而齐景公则在许多决策面临“迷糊”的关键时刻，幸得晏子拼死坚持而又巧妙地劝谏，最终，他们都成就了对方，也成就了自己。当然，更受益的是齐国的百姓。

历史典籍中的晏子与齐景公，一个屡谏救人，一个屡纳雅言，他们的故事都是我们今天教师从教实践中应当借鉴的镜子。

晏婴之能言善辩，史上著名。在语言表达艺术上，也许我们很难望其项背。但至少，我们可以通过修炼自己的交流技巧，达成把学生天性中好处发挥出来，而尽量避免其中害处的育人效果。

读典

晏子三谏齐景公

景公出游于寒途，睹死胔，默然不问，晏子谏曰："昔吾先君桓公出游，睹饥者与之食，疾者与之财，使令不劳力，籍敛不费民。先君将游，百姓皆说曰：'君当幸游吾乡乎？'今君游于寒途，据四十里之氓，殚财不足以奉敛，尽力不能周役，民氓饥寒冻馁，死胔相望，而君不问，失君道矣。财屈力竭，下无以亲上；骄泰奢侈，上无以亲下。上下交离，君臣无亲，此三代之所以衰也。今君行之，婴惧公族之危，以为异姓之福也。"公曰："然！为上而忘下，厚籍敛而忘民，吾罪大矣！"于是敛死胔，发粟于民，据四十里之氓，不服政期年。公三月不出游。

景公使圉人养所爱马，暴死，公怒，令人操刀解养马者。是时晏子侍前，左右执刀而进。晏子止而问于公曰："尧舜肢解人，从何躯始？"公矍然曰："从寡人始。"遂不肢解。公曰："以属狱。"晏子曰："此不知其罪而死。臣为君数之，使知其罪，然后致之狱。"公曰："可。"晏子数之曰："尔罪有三：公使汝养马而杀之，当死罪一也；又杀公之所最善马，当死罪二也；使公以一马之故而杀人，百姓闻之必怨吾君，诸侯闻之必轻吾国，汝杀公马，使怨积于百姓，兵弱于邻国，汝当死罪三也。今以属狱。"公喟然叹曰："夫子释之！夫子释之！勿伤吾仁也。"

景公走狗死，公令外共之棺，内给之祭。晏子闻之，谏。公曰："亦细物也，特以与左右为笑耳。"晏子曰："君过矣，夫厚籍敛不以反民，弃货财而笑左右，傲细民之忧，而崇左右之笑，则国亦无望已。且夫孤老冻馁，而死狗有祭；鳏寡不恤，而死狗有棺。行辟若此，百姓闻之，必怨吾君；诸侯闻之，必轻吾国。怨聚于百姓，而权轻于诸侯，而乃以为细物，君其图之。”公曰：“善。”趣庖治狗，以会朝属。

——选自《晏子春秋》

解惑

人·马·狗

齐景公最初被乱臣推拥登上君位，因而即位之初，他只能战战兢兢，唯命是从。但是，他非常憧憬像先祖齐桓公那样建立霸业。正因为这一宏伟抱负，才使得他能比较重视国事，“崔庆之乱”后，齐景公任用晏婴担任国相。

齐景公与晏子，仿佛生来有缘。史书上记载了晏子劝谏有术而景公每谏必纳、善于改错的一个又一个故事。

一年冬天景公到郊外巡游，在路上看到有没掩埋的饿殍，却漠不关心，不闻不问。晏子劝谏说：“从前我们的先君桓公出游时，看到饥饿的人就给他们食物，看到贫病的人就给他们钱财，并下令不要他们服劳役，也不要向他们征税。因此每当桓公将要出游时，老百姓都高兴地说：‘君王幸而能到我们乡里来巡游吧！’如今君主您冬日郊游，住在都城周围四十里内的百姓，倾家荡产也不够交纳赋敛，筋疲力尽也不够您役使，百姓饥寒交迫，饿殍载道，而君王却不闻不问，这就失去做国君的德行了。财穷力尽，百姓凭什么拥戴国君；骄奢淫逸，国君谈不上爱护人民。上下离心，君臣不亲，这是夏、商、周三代衰亡的原因啊！如今您重蹈三代的覆辙，我担心君王的公族就要危亡，君位将被异姓代替了。”景公说：“是啊！国君只顾自己享乐而忘了百姓的疾苦，只知横征暴敛而不顾人民的死活，我的罪过太大了。”于是下令埋葬饿殍，拿出公粮来救济贫民，并令周围四十里内的百姓，一年之内不服劳役。景公三个月没出去游览。

齐景公派一个养马的人饲养心爱的马，马得急病死了，景公很生气，命令人拿刀肢解养马的人。这时，晏子在景公面前陪着，身边的人拿着刀进来了，晏子制止他们，然后问景公：“古时候尧、舜肢解人，从躯体的什么地方开始？”景公惊恐地说：“尧、舜不肢解人，肢解人从我开始。”于是不肢解养马的人了。景公说：“把他关进监狱。”晏子说:“这样做使得他不知道自己的罪行就死了,我请求替您历数他的罪行,使他知道自己的罪行,然后把他送进监狱。”景公说:“可以。”晏子一件一件地列举说:“你的罪行有三条:国君要你喂马而你让马死了,是判处死罪的第一条;你所饲养死的马又是国君认为最好的马,这是判处死罪的第二条;使得国君由于一匹马的缘故而杀人,百姓听了后,必定怨恨我们的国君,诸侯听了后,必定轻视我们齐国,你饲养死景公一匹马,使百姓对国君积聚怨恨,使军队被邻国削弱,这是判处死罪的第三条。现在把你关进监狱。”景公感慨地说:“您把他放了吧,您把他放了吧,不要损伤我的仁爱之心了!”

景公的猎狗死了,他命令朝外给它治办棺材,宫内给它准备祭品。晏子听说这事,前来劝阻。景公说:“也不过区区小事,只是借此和近侍们取乐罢了。”晏子说:“您错了!向百姓横征暴敛的财物不用到百姓身上,而浪费钱财以博得左右一笑,轻视小民的疾苦,而看重近侍的玩乐,这样,国家也就没有什么希望了。何况孤苦的老人受冻挨饿,而一条死狗却享受祭祀,鳏寡无靠的人得不到救济,而一条死狗还占用棺材。行为荒唐到这样,百姓如果知道这事,一定会怨恨自己的国君;诸侯如果知道这件事,一定会轻视我们的国家。老百姓积满怨恨,诸侯鄙视我们的政权,您竟然认为这是区区小事!您还是再好好考虑考虑吧!”景公说:“您说得对。”赶紧催厨师杀狗烹肉,拿来和群臣会餐。

由于晏子屡屡忠心进言,齐景公往往虚心纳谏,及时改正错误,因而,在晏婴辅政齐景公时代,齐国出现了国富民强、长治久安的良好局面。

明鉴

屡犯与屡劝

晏子和齐景公之间,一方劝谏,一方纳谏的历史故事还有很多。

年轻时的齐景公有称霸诸侯的志向,但对称霸之道并未真正理解。有一次,景公对晏婴说:“我要穿上圣王的衣服,戴上圣王的帽子,住进圣王所住的一般宫室,如此,诸侯们大概就会都来朝见我,那我也就成为霸主了。”晏婴觉得,在齐景公的兴头上,不如趁势向他劝谏治国、爱民、行仁义方面的道理,于是,他劝说齐景公,像圣王那样节俭是可以的，“法其服，居其室，无益也”。他解释说，谋求霸业的关键不在于服饰，而是“诚于爱民，果于行善，天下怀其德而归其义”。

又有一次，齐景公饮酒，七日七夜不止，几乎将朝廷政事完全放在一边。大臣弦章以死相谏，希望齐景公改正这一嗜好，谁知齐景公竟不以为然。晏子入见，齐景公把这件事告诉他：“弦章以死劝谏我停止喝酒。如果我就这样听从他的劝谏，那就是被臣子制约了；如果不听从他的劝谏，我又不舍得他死。”晏子听了齐景公的话，并没有直接应承，而是拱手对弦章说：“弦章大夫真是幸运啊！你刚才进谏，有幸遇上的是我们贤明的国君。如果你遇上桀纣那样的暴君，你早就身首异处了。”齐景公一看晏子把桀纣都抬出来了，终于听出了弦外之音，他的酒吓醒了一半儿，认识到了错误的严重性，于是改掉了嗜酒的恶习。

晏子是一个很有劝说艺术的贤臣，其陈述事实与理由的出发点是为了让百姓感受齐景公的德政，而不是把声讨的矛头指向齐景公。这样，晏子就不是站在君王的对立面，而是担当了忠臣的角色与使命。更让齐景公感动的是，晏子将君王“淫湎失本而不恤”之咎归罪于己，他说：“我（晏婴）身边跟随着百官，让百姓饥饿穷困却无处诉说，使君王沉湎酒色、抛弃百姓却不加怜悯，我（晏婴）的罪过实在是太大了。”晏子两次下跪，深深叩首，请求辞官离去，然后快步走出宫门。

对这样一心事君的臣子，齐景公还能对他动怒吗？齐景公意识到并承认自己的错误，他紧追晏子，答应赈灾之事，命令官员巡视灾情，“家里有农桑种子而没有粮食吃的人家，发给足够一个月吃的粮食；没有农桑种子的人家，发给足够一年吃的粮食；没有积蓄柴火的人家，发给他们柴草，使他们足以渡过霖雨之灾；房屋塌坏不能抵御风雨的人家，发给他们金钱”。

晏子屡次劝谏，齐景公总能从中悟得成就霸业之道，所以他从内心里非常敬重晏子，总是虚心纳谏。史载，后来晏子去世，齐景公本来正在菑地游历，闻晏子死讯，便让车夫备上好车良马，火速赶回，“比至于国者，四下而趋。行哭而往，至，伏尸而号”，说：“先生不分白天黑夜地规劝我，细小的过失也不放过，我还是放纵自己而不知收敛。灾祸没落在我的头上，却落在先生的身上，齐国危险了，百姓将向谁去诉说啊！”

一个国君能否察纳雅言，虚心听谏，对其国运是否昌隆至关重要。齐景公终其一生，对晏子尊敬有加，几乎凡谏必从。他还虚心问政于孔子和师旷，所以在齐景公时代，齐国从桓公之后因众公子争权造成的渐弱国势，转又呈现与晋、楚两国相抗衡的三强鼎立局面。

晏子语言的力量

俗话说，江山易改，本性难移。齐景公是个怎样的人？笔者不厌其烦，列举了晏子和齐景公的若干故事，从中可以看出，齐景公本是一个荒淫奢侈且有点残暴的人，一个智有不及且胸无城府的人。但晏子竟然能通过有效的交流劝谏，让他成为一个有清晰正确的执政思想，悟得成就霸业之道的有为之君。

那么，晏子的语言力量为什么如此之大呢？一言以蔽之，“不抛弃不放弃”。

首先，呵护和利用景公自诩“吾仁”、意图称霸的心理。

景公虽有种种不是，但又有胸怀大志、可以救药的一面，因此，晏子非常注意激发和砥砺他强国雪耻做仁义之君的志向。

景公想通过穿戴圣王衣帽、住圣王宫殿的方法，过一下霸主的瘾。晏子则及时劝以治国爱民行仁义之理。

景公想杀养马的人，晏子先说“尧舜肢解人，从何躯始？”——这是把景公与上古仁君尧舜相提并论，以激励景公。

景公还想将养马的人关到监牢里，晏子并不立即反对，而是先用归谬法讽喻，再表示“今以属狱”。于是，“公喟然叹曰：‘夫子释之！夫子释之！勿伤吾仁也。’”——这是景公通过自己的嘴巴确认“仁”，表明他的执政理想是“仁”。

一个人的思想品德由知、情、意、行四个心理要素构成。“知”是第一步，是基础。有这样正解的“知”之后，“情、意、行”三个要素的养成也就可以期待了。

景公出游于寒途，睹死胔，默然不问，晏子谏曰：“昔吾先君桓公出游……”——这是拿景公最崇拜的亲人做榜样，提醒景公。

景公猎狗死，想要厚葬它。晏子用对比方法，推演这个行为的后果——这是拿景公雪耻强国的愿望砥砺景公。

其次，不厌反复，决不灰心，对景公始终怀抱期望。

同样性质的错误，景公有时不止犯一次。即他似乎没有从一件事之不可为推理到另一件事之不可为的能力或心智。如，齐景公“欲少赋敛以灵山”，晏子以“彼独不欲雨乎？祠之何益”劝阻，齐景公居然“吾欲祠河伯”；面对这样一个不知止的人，晏子再次劝谏说：“彼独不欲雨乎？祠之何益？”

景公在晏子死后曾自言：“先生对我不分白天黑夜地规劝。”这个评价和印象应该是真实的。晏子的付出，能使顽石点头，景公也终于使齐由弱而强。

再次，注意艺术，用灵活变化的方法与景公对话。

景公说：“怪哉！雨雪三日而天不寒。”晏子对曰：“天不寒乎?”“天不寒乎?”是反问，含着善意启发。因此景公知道实际上天是寒的。于是景公笑了，应该是感到惭愧了。而见到齐景公笑了，晏子才开始劝谏。

晏子也曾用“君其图之”的祈请语气，既语重心长，又谦虚诚恳，终于促发景公“趣庖治狗，以会朝属”。

晏子还曾用“公乃愿致诸侯，不亦难乎?”的强烈反问和“公之言过矣!”的直白判定，振聋发聩，劝说景公。

为了达成效果，晏子对景公可谓语气因话题而变，直白深曲并用。

无论是上述三种的哪一种，晏子在运用时，都能做到耐心说服，把事中之理掰碎了说给景公听，像极了一个善于教育的老师对待一个冥顽难化的孩子。

师说

善诱与善听

先说“循循善诱”。

中小学生分别处在儿童期和青少年期，随着生理发育完成，其性格、性情、行为方式、思维方式、人际交流手段（包括谈话和处理关系的技巧），就已经基本定型。而此后，我们要想在根本上去改变一个人，就很难做到。

因此，面对可塑性强的中小学生，我们应当坚持循循善诱，加强师生交流中的引导教育。针对教育所具有的反复性特点，我们要把对学生的教育视为一项长远的系统工程，而非一朝一夕、急功近利的行为。学生犯错，并不是老师教育一次就能改正过来的，而是需要老师尽师者之责，行仁者之心，用艺者之术，不抛弃不放弃，耐心帮助和教育，让他慢慢得以改正，让他好的行为养成习惯，好的习惯形成品质，好的品质定型改变命运。

苏霍姆林斯基曾说:“教师口中的语言是一个强有力的工具,就像演奏家手中的乐器,画家手中的颜料,雕塑家手中的刻刀和大理石一样。语言就仿佛是一座桥梁,教育科学就通过这座桥梁变成教师的教学艺术、教育能力。”教师与不同的学生谈话时,更要“看人兑汤”,选择适当的时间,把握谈话的气氛,讲求对话的时机和艺术。

一方面,由于学生性格各异,而且各人有各人的具体情况,教师应尽量多地了解学生的思想、学习、生活、家庭和周围关系等情况以及相关背景资料,确保与学生对话的过程中对症下药,深入细致,达到谈话的目的。假如学生比较傲慢,教师不可采取泰山压顶的谈话方式,但也不可因其比较傲慢而消极、气馁,甚至表现出畏难情绪。要赢得对方的信服,和他们谈话时应创造并保持欢快乐观的气氛,以真诚的态度来谈论问题。成功的谈话,能让学生解开思想疙瘩,焕发青春热情;反之,会让学生反感消沉,加重思想包袱。

另一方面,教师把握谈话时机要视具体情况而定。例如,要根据学生的情绪,情绪比较稳定,可以立即谈话;反之,当学生比较激动时,需要先“冷处理”或经过引导后再谈。再如,要区分轻重缓急,需要立即解决的问题必须马上谈;可以先放一放的问题,等准备充分再谈;需要等待的问题,就必须等时机成熟再谈。教师也不能坐等时机,而应创造时机,促使谈话时机的到来。

再说“倾听兼听”。

且不论历史上对齐景公的评价如何,从《晏子春秋》故事中,我们所看到的齐景公倒也不是一个完全糊涂的国君。在将要或已经作出错误决策的许多时刻,齐景公得益于晏子的执着劝谏,最终作出了一次次正确的选择,令人欣慰。

透过这一典籍中的历史故事,我们能够在晏子和齐景公身上,得到有益于教学工作的启示:学校的一切教育活动都是在对话中进行的,循循善诱和善于倾听兼听是教师应具有的素养和品性。

《师说》中说:“师者,所以传道、授业、解惑也。”千百年来,教师的角色定位一直是一个传授道理、教授学业、解释疑难的人,在学生面前,教师“说”和“讲”一直是处于权威地位的,把持和垄断着话语权,不容置疑,不容忤逆,久而久之,教师在学生面前就养成了居高临下、师道尊严、我讲你听的习惯。在强调素质教育、学生主体的教学过程中,我们不妨试着去平等地“倾听”学生的想法、意见和心声。

此外，教师还要善于与各方面友好对话，要善于“兼听”，如多读不同风格流派的教育教学理论著作，取其长补己短；对具体事件的处理，则既多听几位同行的意见，也多听学生及其家长的意见，多听业外人士的看法，丰富自己看问题的视角。

学思

随着我们自己从教年份的增加，我们跟学生之间的年龄差距也渐渐拉大。您有否感到一届届学生与老师、与同学在相处方面的细微变化？期待您的故事分享！

君子：苏轼感怀王定国

博闻强识而让，敦善行而不怠，谓之君子。

——《礼记·曲礼上》

说文

“君子”一词，广见于先秦典籍，与之意思相近的还有“大人”一词。后来两者在词意上渐渐有了分化，“大人”偏向于指地位高的、辈分长的、岁数大的人；“君子”则偏向于指有良好道德品质的人，包括士大夫、普通读书人。从孔子起，经曾参等弟子阐述，君子的内涵被儒家学派不断完善，“君子”也成为中国人的道德典范。

在人际交往中，“君子”会有怎样的感人表现？在自我修行方面，“君子”又是怎样做的？下面的故事也许能给我们很好的照鉴。

读典

苏轼借序赞定国

太史公论《诗》，以为“《国风》好色而不淫，《小雅》怨诽而不乱”。以余观之，是特识变风，变雅耳，乌睹《诗》之正乎？昔先王之泽衰，然后变风发乎情，虽衰而未竭，是以犹止于礼义，以为贤于无所止者而已。若夫发于情止于忠孝者，其诗岂可同日而语哉！古今诗人众矣，而杜子美为首，岂非以其流落饥寒，终身不用，而一饭未尝忘君也欤。

今定国以余故得罪，贬海上三年，一子死贬所，一子死于家，定国亦病几死。余意其怨我甚，不敢以书相闻。而定国归至江西，以其岭外所作诗数百首寄余，皆清平丰融，蔼然有治世之音，其言与志得道行者无异。幽忧愤叹之作，盖亦有之矣，特恐死岭外，而天子之恩不及报，以忝其父祖耳。孔子曰：“不怨天，不尤人。”定国且不我怨，而肯怨天乎！余然后废卷而叹，自恨期人之浅也。

又念昔日定国遇余于彭城，留十日，往返作诗几百余篇，余苦其多，畏其敏，而服其工也。一日，定国与颜复长道游泗水，登桓山，吹笛饮酒，乘月而归。余亦置酒黄楼上以待之，曰：“李太白死，世无此乐三百年矣。”

今余老，不复作诗，又以病止酒，闭门不出。门外数步即大江，经月不至江上，眊眊焉真一老农夫也。而定国诗益工，饮酒不衰，所至翱翔徜徉，穷山水之胜，不以厄穷衰老改其度。今而后，余之所畏服于定国者，不独其诗也。

——选自苏轼《王定国诗集叙》

解惑

太史公（司马迁）评论《诗经》，认为“《诗经·国风》虽然有许多描写男女恋情之作，却不荒淫；《诗经·小雅》虽然表露了百姓对朝政的诽谤愤怨之情，却不主张公开叛乱”。凭我看来，这只是了解《风》《雅》中西周王朝衰落时期的作品罢了，哪里看出了《诗经》的主流呢？从前先王的恩泽衰微，然后《风》中周衰之际的作品在情理之中而发生，虽然恩泽衰微但没有竭尽，因此，《风》的情感还能止步于道德礼义中，所以他认为比没有终止于礼义的诗要好罢了。像那些在情理之中而发生又能止步于忠孝的诗，怎么可以跟正风正雅同日而语呢！古今诗人非常多了，杜甫可以称第一，难道不是因为他颠沛流离、忍饥受寒，终身不被重用，却连一餐饭都不曾忘记（报效）君王吗？

现在王定国因为我的缘故而获罪，贬谪到海上三年，一个儿子死在他贬谪的地方，一个儿子死在家中，定国也生病差点死了。我猜测他非常怨恨我，不敢写信给他。可是定国回到江西，把他在岭外所作的几百首诗寄给我，这些诗都清新平和、丰润圆融，温和而有太平盛世之音，那些言语跟德高望重的人没什么不同。幽愁怨愤、寄寓感叹的作品，大概也有一些，只不过是担心死在岭外，天子的恩德来不及报答，而有愧于他的父亲和祖先罢了。孔子说：“不埋怨天，不怪罪别人。”定国况且不埋怨我，怎么肯埋怨上天呢！我看完之后放下诗卷而感叹，自恨看待别人太肤浅了。

我又考虑到先前定国到彭城来拜访我，住了十天，来回往返中写了几百首诗，我苦恼他的诗作多，但又敬重他文思敏捷，佩服他诗作精巧。有一天，定国和颜长道（颜长道也是苏轼朋友）游览泗水，登临桓山，他们吹着竹笛，饮着美酒，乘着月色回来。我也在黄楼上摆上酒宴来等待他们，我说：“李白死后，世间三百年没有这种快乐了。”

现在我年老了，不再作诗，又因为生病而戒酒，闭门不出。门外几步远就是大江，整整一个月没到大江边，糊里糊涂地，真是一个老农夫了。可是定国的诗更加精巧，饮酒毫不衰减，所到之处安闲自在，览尽山水的胜景，不因为困厄衰老而改变他的气度。从今以后，我敬服定国的地方，不只是他的诗作了！

明鉴

所畏服于定国者，不独其诗

王巩，字定国，北宋诗人、画家。王巩与苏轼、苏辙兄弟二人的关系都很密切。宋神宗元丰二年(1079年)，苏轼因“乌台诗案”被捕入狱，后被贬为黄州团练副使。苏轼的好友王巩也受到牵连而被处置。苏轼深为之内疚，但王巩完全没有怨恨后悔这段友情的意思，仍然视苏轼为文学和生活上的好友。

这样的君子风度怎不令苏轼惭愧感动呢！

王巩被贬三年间，一子死于其贬所，一子死于其家，他本人也差一点染病而亡。然而，他并没有被命运摧毁掉顽强生活下去的勇气，“更刻苦读诸经，颇立训传以示意”。

王巩在逆境中“不怨天，不尤人”，“诗益工，饮酒不衰，所至翱翔徜徉，穷山水之胜，不以厄穷衰老改其度”。他平和乐观地安排好自己的生活，诗作中展现出丰富圆融之精神境界，这都给同处于官场失意中的苏轼以强烈的心灵震撼和积极的影响借鉴。

这样的君子气度怎不令苏轼肃然起敬呢！

其实，后人眼中的苏轼，也是一个词风豪放、心性超迈的人。“竹杖芒鞋轻胜马，谁怕？一蓑烟雨任平生。”在被贬黄州后的第三个春天，即元丰五年(1082年)，苏轼这样说。同一年七月，他又道：“惟江上之清风，与山间之明月，耳得之而为声，目遇之而成色，取之无禁，用之不竭。是造物者之无尽藏也，而吾与子之所共适。”

苏轼还认为，王巩也是杜子美一类的诗人。这个评价非常高。以杜子美为首的众多诗人，流落饥寒，不为君用，而一饭未尝忘君。王巩虽然有幽愁之作，但也只是担心天子之恩不及报，有愧于其父祖罢了。这样的诗人诗作，其精神高度远非变风变雅的“止于忠孝”可比。这是《诗》的正宗！

这样的君子器度怎不令苏轼感奋敬慕呢！

联系苏轼本人后期再遭遇贬谪的几次经历和反应来看，他自己也完全配得上这样的高评。“一饭未尝忘君”的本质，是不忘记读书人读书就是为了明理弘道，为了造福一方水土的社会责任。

君子交友，不存势利之心

君子有其独特的感召同侪、凝聚君子的力量。

孔子以己之女嫁弟子公冶长，因为他认为这弟子“虽在缧绁之中，非其罪也”；又把哥哥的女儿嫁给南容，因为南容“邦有道，不废；邦无道，免于刑戮”，能在乱世之中隐志保家且自强不息，非常难得。

这是君子之间的惺惺相惜呀！

孔子曾在陈蔡被困绝粮，却还在不停地给大家讲学，朗诵诗歌、歌唱弹琴。因为他知道，假使有仁德的人必定能使人信任，哪里还会有伯夷、叔齐饿死在首阳山呢？假使有智谋的人就能通行无阻，哪里会有王叔比干被剖心呢？他的人格、识见吸引住了弟子们，稳住了他们的心，直到困厄解除，无一人离开他。

苏轼恩师欧阳修写过著名的《朋党论》，断言“小人无朋，惟君子则有之”。因为小人“见利而争先，或利尽而交疏”；而君子之朋则“所守者道义，所行者忠信，所惜者名节。以之修身，则同道而相益；以之事国，则同心而共济；终始如一”。

苏轼人生中最严重的一次危机，是在湖州知州任上发生的所谓“乌台诗案”，他先被投入监狱，后被贬黄州团练副使。当时他的朋友马梦得，不怕政治上受连累，帮苏轼夫妇申请了一块荒芜的旧营地供耕种，由此才有“东坡居士”这个自号传世。他被贬到海南时，昌化军的军使张中，同样冒着受连累的政治风险，对苏轼很是照顾，把他奉为上宾，盛情款待。

而王巩，被贬宾州时，歌女柔奴明知宾州僻远，路途艰辛，仍愿意同往，陪伴王巩一起生活。王巩泼墨吟诗，访古问道，柔奴则歌声相伴，温柔慰藉。元丰六年(1083年)王巩奉旨北归，苏轼与之再度相逢，席间，柔奴为苏轼劝酒。苏轼问柔奴：“南方荒凉之地的日子不太好过吧？”柔奴平静地答道：“此心安处，便是吾乡。”苏轼听闻如此豁达之语，大为赞赏，席间即刻填词《定风波》一阕：

“常羡人间琢玉郎，天应乞与点酥娘。尽道清歌传皓齿，风起，雪飞炎海变清凉。万里归来颜愈少，微笑，笑时犹带岭梅香。试问岭南应不好，却道：此心安处是吾乡。”

此曲传开后，“点酥娘”柔奴在京城名声大噪，王巩与柔奴的宾州之恋也流传开来，成了坚贞爱情的经典诠释。

师说

君子对人，只问付出不求回报

欧阳修一直喜好进荐士人，士人哪怕有一句话符合道理，他都不远千里去求见，比这个士子想求见他还要诚心。因此招来了天下的豪杰俊才，这些人从普通人而显名于世的很多。像司马光、包拯、王安石、曾巩、苏洵、苏轼、苏辙等众多名扬于世，甚至对历史进程也产生过一定影响的杰出人物，都曾经得到过欧阳修的大力褒扬引荐。但是这些人中对不起欧阳修的也不时有一些。苏轼为此叹息不已，觉得人心难测，以为欧阳修大概会厌倦引荐士人了。欧阳修年老退休，居颍水边，苏轼去拜访他，却听到他仍然乐于谈论读书人中的贤能者，唯恐他们不被社会所知闻；至于那些对不起自己的，却说："这个罪过在我身上，不是他们的过错。"

而西汉时一位翟姓高官，当他从廷尉任上被罢免，手下的宾客没有一个人来到他家慰问。之后他再被启用，宾客们想再回到他家去。翟公大感愤懑，在自己门上写了几句话："一死一生，乃知交情；一贫一富，乃知交态；一贵一贱，交情乃见。"

人们都认可翟公的话，但苏轼认为，相比于恩师欧阳公，翟公对待宾客的态度就很小气了。

欧阳修是一名政治家，富有强烈的社会责任感与使命感；同时，他内敛自修、严谨治学、涉猎多方，具有学者风范。其文学创作主张、文体变革创新及文化学识、生活情趣、士风人格等方面都具有鲜明的楷模宗师作用。其热心做伯乐，公正识人才，一发现有年轻人胜过自己，他就满心欢喜地替之宣传、引荐甚至愿意自己让道，这种深谙风物长宜放眼量、乐观长江后浪推前浪的伯乐境界，非常难得，极其可敬！至于他不求回报，不因某些人伤了他心就停止关心和引荐年轻人，则几乎让人感到他是一个以识拔英才为己任的伟大宗师了！

君子对己，不忘职责和价值

范仲淹在他的《岳阳楼记》里说："居庙堂之高，则忧其民；处江湖之远，则忧其君。”他还发出“先天下之忧而忧，后天下之乐而乐”的赤热忠言。这其实是我国历代知识分子、士大夫阶层共同的心声。如果一个人只是在自己遭遇困厄时表现得豁达乐观，在别人困厄时不怕受牵连，其实是不够的。读书明理，为的是铁肩担道义。一有机会，一有可能，就要在自己能力、职权许可的范围里，为民众谋长久福利。韩愈被贬到潮州，短短八个月时间，做了几件大事：驱逐鳄鱼，兴修水利，赎放奴婢，兴办教育，甚至还“以正音为潮人语”。因此，现代作家梁衡才在他的《读韩愈》一文中说：“八月为民兴四利，一片江山尽姓韩。”

这样的例子很多。仅杭州一地，就有白居易为我们留下的白堤，苏轼为我们留下的苏堤。清代乾隆皇帝曾经这样评价苏轼：看待死亡如同脱掉破鞋子一样，虽然身处穷困颠沛之中，可是一遇到效命君王、造福人民的事，就毫无自顾之心。

如果没有遇到效命的机会呢？那就钻研学问，或吟诗作赋，或著书立说，或开馆讲学，总之不让自己虚度了光阴，而要让自己在这个世界上“雁过留痕”。苏轼本人在这方面就是典范。落难黄州时他创作出的一词两赋（《念奴娇·赤壁怀古》《前赤壁赋》《后赤壁赋》），流传千古。

心理学对于人际关系有个概念，叫“投射效应”，大意是说，我们看见的并非外面的世界，而只是自己，因此便出现了“以己之心度他人之心”或者“以小人之心度君子之腹”的情况。有一天，苏东坡去拜访佛印和尚，与佛印相对而坐，苏东坡就开玩笑说：“我看你是一堆狗屎。”可是，佛印却微笑着说：“我看你是一尊金佛。”苏东坡认为自己占了便宜，非常得意。回到家以后，听说了此事的妹妹却说：“哥哥，你错了。佛曰‘佛心自现’，你看他人是什么，就意味着你看自己是什么。”

修养品性，才能与人对己都保持君子之度，才能始终保有向上向善的正能量。

学思

有人说“应该把同事当盟友而不是当朋友”。您的看法是什么？期待您的故事和分享。

踏实：颜之推戒止虚论

实，诚也。

——《广雅》

说文

“十年树木，百年树人。”这道出了教育工作的特点：教育工作是一项踏实勤勉的事业，需要教师淡泊明志，潜心耕耘。

阔谈理念，不务实际，也许能赢得片刻的喝彩，但难保长久为人信服，终究会为人识破机关，露出本相。尤其当学生走上社会之后，他对昔日学校、老师，会作重新评价，个中道理不言自明。因此，高谈阔论是从教和为人之忌，而淡泊潜心、踏实践行才是教师应具有的修养和品性。

除了踏实践行之外，我们还要务实地读一些书，务实地做一些研究，以习得行动的真本领，做到得规律、谋实效。

颜之推在他的《颜氏家训 · 涉务》中提到平日“出则车舆，入则扶侍”者，“及侯景之乱，肤脆骨柔，不堪行步，体羸气弱，不耐寒暑，坐死仓猝”，应该成为当今高谈阔论者的警戒，并为我们提供教师职业中的有益借鉴。

读典

家训中的历史教训

夫君子之处世，贵能有益于物耳，不徒高谈虚论，左琴右书，以费人君禄位也。

吾见世中文学之士，品藻古今，若指诸掌，及有试用，多无所堪。居承平之世，不知有丧乱之祸；处庙堂之下，不知有战阵之急；保俸禄之资，不知有耕稼之苦；肆吏民之上，不知有劳役之勤。故难可以应世经务也。晋朝南渡，优借士族，故江南冠带有才干者，擢为令、仆以下，尚书郎、中书舍人以上，典掌机要。其余文义之士，多迂诞浮华，不涉世务，纤微过失，又惜行捶楚，所以处于清名，盖护其短也；至于台阁令史、主书、监帅、诸王签省，并晓习吏用，济办时须，纵有小人之态，皆可鞭杖肃督，故多见委使，盖用其长也。人每不自量，举世怨梁武帝父子爱小人而疏士大夫，此亦眼不能见其睫耳。

梁世士大夫皆尚褒衣博带，大冠高履，出则车舆，入则扶侍，郊郭之内，无乘马者。周弘正为宣城王所爱，给一果下马，常服御之，举朝以为放达。至乃尚书郎乘马，则纠劾之。及侯景之乱，肤脆骨柔，不堪行步，体羸气弱，不耐寒暑，坐死仓猝者，往往而然。

古人欲知稼穑之艰难，斯盖贵谷务本之道也。夫食为民天，民非食不生矣。三日不粒，父子不能相存。耕种之，载积之，打拂之，簸扬之，凡几涉手而入仓禀，安可轻农事而贵末业哉！江南朝士，因晋中兴而渡江，本为羁旅，至今八九世，未有力田，悉资俸禄而食耳。假令有者，皆信僮仆为之，未尝目观起一坡土，耘一株苗，不知几月当下，几月当收，安识世间余务乎？故治官则不了，营家则不办，皆优闲之过也。

——选自《颜氏家训·涉务》，有删节

解惑

士人君子立身处世，贵在能做一些有益的事情，不能仅仅是高谈阔论，左边摆着琴，右边放着书，虚耗君主赐给他的俸禄职位。

我看现在世上一般的文人，评古论今，好像了若指掌。但真的试用一下，他们又往往不能胜任。长时间生活在太平盛世，不知道丧乱的祸害；在朝为官，不知道边地战争的急迫；只知道领取俸禄，不知道百姓种田的辛苦；生活在小吏和百姓的上层，不知道要有辛勤的劳役。因此(这样的人)难以适应社会、处理事务。晋朝南渡之后，特别尊重厚待士族，所以江南士族中有才干的人都担任尚书令、左右仆射以下，尚书郎、中书舍人以上的官职，掌管国家的机要。其他只懂得点文义的士人，大多迂腐荒诞，浮华铺张，不会处理世务，小有过错又舍不得杖责，因而把他们放在清高的位置上，来掩饰他们的弱点。至于那些台阁令史、主书、监帅、诸王签省，都对工作通晓熟练，能按需要完成任务，纵使流露出小人的情态，还可以鞭打监督，所以多被委任使用，是要用他们的长处啊。但是人们不懂得其中的道理，全社会的人都埋怨梁氏父子喜爱小人而疏远了士大夫，这种看法就像眼睛看不见眼睫毛一样，看不到自身的短处。

梁朝的士大夫，都喜欢穿肥大的衣服，系宽阔的带子，戴高帽子，穿厚底鞋，出门就坐马车或轿子，进屋就有仆人搀扶侍候，无论在城里还是在市郊，都没有骑马的。宣城王很喜欢周弘正，专门赐他一匹果下马。周经常出门乘骑这匹小马，结果满朝士大夫都认为他的行为狂放不羁，以至于当时尚书郎如果骑马，就会受到弹劾。到了侯景之乱的时候，士大夫们皮肤脆嫩，骨头酥软，连路也走不了，体质虚弱，又不能耐受寒冷或酷热。结果仓促之间一命呜呼的，到处都是。

古人知道耕种的艰难，这大概是他们重视谷物、以农为本的原因。民以食为天，百姓不吃饭就不能生存。三天不吃饭，就连父子之间也没有力气互相问候。一茬庄稼的收获，要耕种、除草、收割、运载、脱粒、扬谷，经过许多道工序，才能收成入仓。如此这样，怎可轻视农事而贵重商业呢？在江南为官的士大夫们，因晋朝的中兴，渡江南来，最终寄居此地，至今已有八九代了，还从未亲力种过田，全靠俸禄过活。即使他们占有一些土地，也都是靠僮仆们来耕种，自己未见过翻一垄土，种一株苗，不知道该哪个月下种，该哪个月收获，又怎能知晓世上的其他事务呢？所以他们若做官则不明为官之道，治家则不会经营，这些都是生活优裕闲适所带来的过错啊。

明鉴

《颜氏家训》共七卷，二十篇，主要记述作者个人经历、思想、学识以告诫子孙，是我国历史上第一部内容丰富、体系宏大的家训类教育书籍。全书文化内蕴丰富，不仅在家庭伦理、道德修养方面对我们今天有着重要的借鉴作用，而且对研究古文献学、研究南北朝历史文化也有着很高的学术价值。此外，作者在特殊政治氛围（乱世）中所表现出的明哲思辨，对后人也有着宝贵的认识价值。一千多年来，《颜氏家训》一书屡经后人翻刻，因此成为家训类教育书籍中流传最广者之一。

在《颜氏家训·涉务》篇中，作者批评了高谈虚论的危害，提出了从事实际事务的重要性。他所批评的空谈虚论，就是当时社会上盛行的一种清谈之风。清谈者习惯于远离社会和生活，作无意义的空谈。

清谈之风源自汉代，盛于魏晋，虽有识之士大加贬斥鞭挞，但在魏晋后的南朝以及此后的整个中国历史长河中，视高谈虚论为人生雅事、崇尚清谈和追逐玄虚的士大夫却依然不少，他们将“居庙堂之上，而其心无异于山林之中”奉为人生之最高境界，清谈甚至成为中国由古至今的官场痼疾。

高谈虚论，苗而不秀，其实是一个彻头彻尾银样镴枪头，这样的人自古到今委实不少。据《史记·廉颇蔺相如列传》记载，战国时赵国名将赵奢之子赵括，年轻时学兵法，谈起兵事来连父亲也难不倒他。后来他接替廉颇为赵将，在长平之战中，只知道根据兵书办事，不知道变通，结果被秦军打败。而又一个习惯于高谈虚论的纸上谈兵者——蜀汉马谡痛失街亭，身首异地，同样落得个害己又误国的骂名。

师说

教育教学，务实真实

教师从《颜氏家训·涉务》篇中悟出为师之道，对于今后更好地教书育人，自然是十分重要的。

其一，教师工作当崇尚务实，潜心实践。

育人工作的复杂性、长期性，要求我们专注于教育对象，扎实有效地开展教育教学的日常实践与研究。

苏霍姆林斯基（1918—1970年）身体力行，给我们作出了风范表率。他是苏联卓越的教育实践家和教育理论家。他从17岁即开始投身教育工作，直到逝世，在国内外享有盛誉。

苏霍姆林斯基把自己的一生都献给了教育事业，他在帕夫雷什中学任教，后来担任这所农村中学的校长，直至去世。苏霍姆林斯基一生短暂，但他却持之以恒地探索，孜孜不倦地写作，奇迹般地写出了40余部专著、600多篇论文、约1 200篇儿童小故事。苏霍姆林斯基的全部著作都是面向教师、教育家、父母和孩子们的。他把自己的思维、思索、建议和见解全部倾注在了著作当中，告诉读者：教师和父母应当历经何等艰难之路，才能使孩子成长为好学上进、聪颖、心地善良而高尚的人和好公民。

当下，新一轮课程改革正在我国全面而深入地推进，作为新形态下的教育工作者，应当怎样迎接课改、适应课改，应对这一新挑战？与其浮躁阔论，热衷于一个个“论坛”“展示”，不如静下心来，做一些实实在在的事。

一方面，努力加强学习，更新知识结构，扩大知识面，特别是加强学科间横向联系的研究，从中找出规律，全面施教，科学育人。另一方面，“临渊羡鱼，不如退而结网”，“千里之行，始于足下”，将先进的教育理念转化为科学、务实的行动，从而取得实效。

其二，教师要追求真实、有效的课堂。

真实、有效的课堂，建立在教师教育教学观念的真正转变和民主平等的师生关系上。有效课堂教学的一切都是为了学生获得积极有效的发展；有效课堂的学习过程，是使学生体验知识建构的过程，体验成功是通过自己一步一步的努力获得的。

当下不少公开课，或优秀课评选，有一种现象：教师因担心在听课时课堂中出现“静悄悄”的现象而刻意追求虚假的“热闹”气氛；少数教师预先自己想好“疑问”和答案，再分配给学生，课堂上表演有问有答的戏码，给听课者造成充分体现学生主体、学生自主学习、生生互动生成的假象。事实上，学生只是虚假主体，表演的道具而已。

这种课堂教学其实已经失去了它的真实性，也是高谈虚论在课堂教学实践上的一种表现。

学思

在处理“仰望星空与脚踏实地”的关系时，您有哪些教育教学方面的具体事例？

慎择：丁氏穿井得一人

博学之，审问之，慎思之，明辨之，笃行之。

——《礼记·中庸》

说文

教育工作融科学性和艺术性于一体，而科学性是基础。教师在教育教学工作中对于“科学性”的崇尚与践行，集中体现在教师所援引的教学资源和素材要言而有据，“求真”“求是”；教师在与学生、同行以及学生家长交往时，要坚持从事实和教育规律出发，不能以讹传讹、据讹判断决策。倘若出现上述情况，教师在教育教学工作中的交流沟通便会“失察”“失策”。

下面引自《吕氏春秋·慎行论·察传》中的一段史料，为我们慎择明辨提供了生动的教育素材。

读典

传言不察，愚者大过

夫传言不可以不察。数传而白为黑，黑为白。故狗似玃，玃似母猴，母猴似人，人之与狗则远矣。此愚者之所以大过也。

闻而审，则为福矣；闻而不审，不若不闻矣。齐桓公闻管子于鲍叔，楚庄王闻孙叔敖于沈尹筮，审之也，故国霸诸侯也。吴王闻越王勾践于太宰嚭，智伯闻赵襄子于张武，不审也，故国亡身死也。

凡闻言必熟论，其于人必验之以理。鲁哀公问于孔子曰："乐正夔一足，信乎？"孔子曰："昔者舜欲以乐传教于天下，乃令重黎举夔于草莽之中而进之，舜以为乐正。夔于是正六律，和五声，以通八风，而天下大服。重黎又欲益求人，舜曰：'夫乐，天地之精也，得失之节也。故唯圣人为能和，乐之本也。夔能和之，以平天下，若夔者一而足矣。'故曰'夔一足'，非'一足'也。"宋之丁氏，家无井，而出溉汲，常一人居外。及其家穿井，告人曰："吾穿井得一人。"有闻而传之者曰："丁氏穿井得一人。"国人道之，闻之于宋君。宋君令人问之于丁氏，丁氏对曰："得一人之使，非得一人于井中也。"求闻之若此，不若无闻也。子夏之晋，过卫，有读史记者曰："晋师三豕涉河。"子夏曰："非也，是己亥也。夫'己'与'三'相近，'豕'与'亥'相似。"至于晋而问之，则曰"晋师己亥涉河"也。

辞多类非而是，多类是而非，是非之经，不可不分。此圣人之所慎也。然则何以慎？缘物之情及人之情，以为所闻，则得之矣。

——选自《吕氏春秋·慎行论·察传》

解惑

传闻不可以不审察。经过辗转相传，白的成了黑的，黑的成了白的。所以狗似玃，玃似猕猴，猕猴似人，人和狗的差别就很远了。这是愚人所以犯大错误的原因。

听到什么如果加以审察，就有好处；听到什么如果不加审察，不如不听。齐桓公从鲍叔牙那里得知管仲，楚庄王从沈尹筮那里得知孙叔敖，审察他们，因此国家称霸于诸侯。吴王从太宰嚭那里听信了越王勾践的话，智伯从张武那里听信了赵襄子的事，没有经过审察便相信了，因此国家灭亡，自己送了命。

凡是听到传闻，都必须深透审察，对于人都必须用理进行检验。鲁哀公问孔子说："乐正夔只有一只脚，真的吗？"孔子说："从前舜想用音乐向天下老百姓传播教化，就让重黎从民间举荐了夔而且起用了他，舜任命他做乐正。夔于是校正六律，谐和五声，用来调和阴阳之气。因而天下归顺。重黎还想多找些像夔这样的人，舜说：'音乐是天地间的精华，国家治乱的关键。只有圣人才能做到和谐，而和谐是音乐的根本。夔能调和音律，从而使天下安定，像夔这样的人一个就够了。'所以说'一个夔就足够了'，不是'夔只有一只足'。"宋国有个姓丁的人，家里没有水井，需要出门去打水，经常派一人在外专管打水。等到他家打了水井，他告诉别人说："我家打水井得到一个人。"有人听了就去传播："丁家挖井挖到了一个人。"都城人纷纷传说这件事，被宋君听到了。宋君派人向姓丁的问明情况，姓丁的答道："得到一个人使用，并非在井内挖到了一个活人。"像这样听信传闻，不如不听。子夏到晋国去，经过卫国，有个读史书的人说："晋军三豕过黄河。"子夏说："不对，是己亥日过黄河。古文'己'字与'三'字字形相近，'豕'字和'亥'字相似。"到了晋国探问此事，果然是说，晋国军队在己亥那天渡过黄河。

言辞有很多似是而非，似非而是的。是非的界线，不可不分辨清楚，这是圣人需要特别慎重对待的问题。虽然这样，那么靠什么方法才能做到慎重呢？遵循着事物的规律和人的情理，用这种方法来审察所听到的传闻，就可以得到真实的情况了。

明鉴

只有善听，方能智行

“传言”本身并不就是“谣言”。

有时，传言失去原意，是由于对整个思想体系的重新认识带来的重新解读。比如，“克己复礼”是春秋时代的一句格言。两千多年来许多学者把这四个字分为两半解释，“克己”是克制约束自己，“复礼”是实践礼的要求，合起来就是克制自己的欲望，使言语行动都合于礼。但是，傅佩荣教授认为真正的儒家不说“人性本善”，而说“人性向善”。基于这一点，他认为，“克”应解释为“能够”，《大学》里有“克明峻德”这样的话，意思是“能够去昭明自己高尚的德行”。《论语》里类似的用法也出现好几次，譬如“恭己正南面”，“行己有耻”，“己”都放在第二个字，克己、恭己、行己都是类似句法。所以，“克己”的意思是能够自己做主，“复礼”是实践礼的要求。一个人能够自己做主去实践礼的要求，就是“仁”，也就是人生正途。如此一来，就不必担心“欲望是善是恶”的问题，而把焦点转向人的主动性与负责性。

只是，负责任的人，会在与传统不同的自己的说法之前，加上“我认为”之类的言说标志，以示学术态度的谦虚谨慎。

但是，很多时候，稍不留神，“传言”就可能成为“谣言”。

“谣言从无到有，有三个必备的因素：本质的不真实、传播者缺乏自我规范和受众的易被迷惑。正是这三者看似巧合的‘偶遇’和整合，恰恰使得谣言产生是不可避免的了——有人的地方就有谣言。”

在莎士比亚的四大悲剧之一《奥赛罗》中，奥赛罗听信了伊阿古的“传言”，在愤怒中掐死了自己的妻子。当他得知真相后，悔恨之余拔剑自刎，倒在了妻子身边。他的不察，导致了爱情悲剧，令人叹惋不已。

事实上，谣言产生之因，除上述三点而外，还跟下列几点有关。

有时，听者没有正确和足够的相关言说信息，即听者所掌握的只是模糊和有限的信息，那么，他仅从字面上理解，就产生了误会，于是“传言”成了“谣言”。如“丁氏穿井得一人”，言说者表达的是“穿井而得一人之使”，听者理解成从井里挖出了一个人——这个传闻的结果与言者本意大相径庭。

有时，是因为汉语言一词多义的特点所致。如“乐正夔一足”中的“足”，可以解释为“脚”，也可以解释为“足够”，而且都能说得通。因为汉语的这个特点，学者专家对古代文献典籍的解读，也常常发生类似的情况。比如，“学而优则仕”这句话，在很长时间里被解释为“好学并且学业优异，就从政”，后来，“学习之余还有余力或者闲暇，就去做官”，或“学习学好了，就可以把这些知识应用到日常做事中”，这样的解释才广为人们所接受。

无论“传言”的真实面目如何，我们都应该先察而后决定是否相信——只有善听，方能智行。

师说

传言须察的现实意义

“传言不可以不察”，这不仅为古代中国的哲人们所认识，其在当代中国的现实意义也很突出。流言在制造者的眼中，只需要低廉的成本，而产生的影响力是无法估量的。鲁迅先生曾有感于阮玲玉的死，而写下《论人言可畏》。虽然谎言注定掩盖不了现实，但是，不切合实际的传言却会猖獗于一时，在刻意或不经意间起到伤害、残害他人的作用。因此，我们应认真辨别传言，坚决抵制流言，使自己不为外界虚假的信息所干扰和左右。

一是要善于辨别传言。

传言中有真话、正确的话，但也不乏流言。现实生活中，流言得逞，需要传言制造方与信息接收方共同促成。传言制造者喜欢搬弄是非，究其原因，或性格使然，大大咧咧，口无遮拦，根本意识不到传播闲话的性质和危害；或居心叵测，混淆是非，浑水摸鱼，唯恐天下不乱；或曲意示好，套取近乎，力图形成小圈子，拉帮结派，并争取对方信任。信息接收方也爱听“闲话”，偏听偏信，这也给传播闲话之人提供了生存的环境和土壤。

从信息接收方来说，对付流言蜚语和搬弄是非者的有效办法是：首先，对那些喜欢搬弄是非、爱说闲话者，敢于当面制止，指出危害，传是非者就是是非人；其次，反复掂量，品、嗅出传言者的目的意图，鉴别出传言是否真话，是否伤害别人；再次，坚持与人为善，静坐常思己之过，闲谈莫论人是非。对于流言，应不听、不信、不传，让“流言止于智者”，不给流言蜚语以传播的空间，不给喜欢搬弄是非者留有市场。

二是结交朋友时要善于“听其言而观其行”。

每个人都有自己的生活圈子和话语范围，免不了与有些人的接触会多一些。但是，我们仍然要以审慎的态度，闻他人之言，观他人之行，不要轻易地听信偏言。诚然，某些言者在某些时候其所言确实反映了言者的某一些心声，但是，由于种种原因，言者在有些情况下也会做出与“言”完全不同的“行”来。因此，我们不能轻易地根据其言来推断其行。殊不见，许多贪官污吏在台前会上往往慷慨激昂，言必称心系百姓，清廉为官，但背地里，却贪污腐化，直到东窗事发而锒铛入狱。可见，仅仅是观其慷慨之言，而不跟踪“观其行”的话，我们就容易被假象所迷惑，为别人的“言”所迷惑。

三是以勤勉自学和恪谨自律拒传言于身外。

流言止于智者，诋谤止于修身。让自己远离传言，关键要从两方面努力：通过内修内敛，不使自己成为传言的对象，或传言攻击的靶子；不加入传言的队伍中，成为传言特别是流言的制造者、始作俑者。抵制传言的关键是加强学习、成为“智者”。学习、修身要有一种学无止境、永不停滞的心态。时代在发展，社会在进步，科学技术日新月异，知识更新日益频繁，如果我们不注重学习，那我们各方面的能力将不适应社会发展的需要，在工作、学习、生活上出现错误的可能性就越来越大，各种流言蜚语、诋毁诽谤产生和蔓延的机会也就越来越多。因此，只有不断努力学习，用最先进的科学文化来武装自己，时时刻刻绷紧自律这根弦，常怀律己之心，常思贪欲之害，常除非分之想，常修为人之品，切实提高自己各个方面的水平，这样才能减少自己在工作、学习、生活中的各种失误，辨清身边的各种困惑，拒绝来自各个方面的诱惑，减少各种流言蜚语、诋毁诽谤产生和蔓延的土壤。

《吕氏春秋·慎行论·察传》中的这一段史料对于教师工作的指导价值与意义同样是巨大的。

其一，教师要努力修炼在本体知识方面的扎实基本功，“求真”“求是”。这是教师杜绝“传言不察”的基础，如此方能确保不向学生传授错误的知识，不以讹传讹，误人子弟。

其二，教师应坚持主流价值观，对学生进行正确的人生观、价值观引导。作为教师，杜绝“不察”的具体行为表征还应落实为：提高教师自我修养，守好政治底线、法律底线、道德底线，确保课堂讲坛风清气正，保证在与学生的交往、教育实践中，给学生以积极、正确、正面的人生观、价值观引导和影响，传递正能量。

其三，教师在与学生、同行以及学生家长交往时不能以讹传讹，或根据捕风捉影的传言对学生或他人作出臆断，进而影响对学生或相关事件的正确处理。在日常生活中，言说的内容，口耳相传本来就容易听错、传错，即使写成文字、书于纸面，也仍然难免错误解读。因此，教师不能轻信传言。

这些正是教师从《吕氏春秋·慎行论·察传》中，应当读到的有价值信息。这篇短文提供的若干事例以及作者的朴素见解，正是我们从事教育教学工作应具备的正能量。

学思

近些年来，随着网络的普及和快捷化，人们碰到问题时，倾向于求助搜索引擎。在教育教学中，对于字词句或其他疑惑，您通常如何查询核验？期待您的介绍。

教师怎样聚焦专业

人之不可以不学，犹鱼之不可以无水。

——陆九渊《与黄循中》

爱学生是教师入职的重要素质，但对“师德”内涵的理解如果只停留在爱学生上，显然是远远不够的。能精通本业，把课教好，既是教师职业意义、职业责任所在，也是爱学生的具体表现。

“台上三分钟，台下十年功”，说的是如果要展露才华，必须先行积累，才能精通本业。

如何精通本业？有且只有学习这一条正道。

什么是学习？读书，访友，讲学；心性养成，专业实践，理论提炼……形式各异，但都是学习。只要一个人的心智处于打开状态，愿意吐故纳新，他就正在学习。

“人之不可以不学，犹鱼之不可以无水。”一个人从幼年、少年、青年、中年直至老年，学习将伴随整个生命历程，这是不断发展变化的客观世界对人的生存发展提出的必然要求。当今世界在飞速变化，新情况、新问题层出不穷，知识更新的速度大大加快。不学习，就无法认识和改造自然，无法认识和适应社会，最终会被时代所抛弃。

学习使人精通本业。见多识广，学博眼明。本业精通能给人定力和自信，让人不惧权势，不阿世俗，自信满满地屹立于学术之林，烛照后人前行。

志向使人不辍学习。志向好像海上的一个灯塔，船只朝着灯塔的方向前行，就能准确抵达。有志向的人，肩负自定的责任，就不会蹉跎岁月，不会玩物丧志，他将能够战胜倦怠，负重前行。有志向的人，能够勤勉以行，百折不挠，专心专注，即使遭遇差评，遭遇不公，也能坦然面对。有道是，青山遮不住，毕竟东流去，有志向才可能最终达成理想。

愿我们有志向有规划如欧阳修，能勤勉能专注如裴侠、郑日奎，名实统一如柳宗元所期许的那样，守正不阿如辕固，淡看评价如左思，做教育园地里大写的人。

志向：欧阳修依志而航

志，德义之府也。

——《国语·晋语》

说文

冰心在《繁星·春水》中咏叹道：

成功的花，
人们只惊羡她现时的明艳！
然而当初她的芽儿，
浸透了奋斗的泪泉，
洒遍了牺牲的血雨。

花的成功尚且如此，那么人的成长与发展，人的事业的成功，不也是如此吗？

成功与志向紧密关联。自古常立志的人多，立长志的人少，立下志向而又能坚定不移地朝它奋进的更少。下述欧阳修的故事应当能给我们以激励。

读典

旧本韩文蕴新志

予少家汉东，汉东僻陋无学者，吾家又贫无藏书。州南有大姓李氏者，其子尧辅颇好学。予为儿童时，多游其家，见有弊筐贮故书在壁间，发而视之，得唐《昌黎先生文集》六卷，脱落颠倒，无次序，因乞李氏以归。读之，见其言深厚而雄博，然予犹少，未能悉究其义，徒见其浩然无涯，若可爱。

是时天下学者，杨、刘之作，号为“时文”，能者取科第，擅名声，以夸荣当世，未尝有道韩文者。予亦方举进士，以礼部诗赋为事。年十有七，试于州，为有司所黜。因取所藏韩氏之文复阅之，则喟然叹曰：“学者当至于是而止尔！”因怪时人之不道，而顾己亦未暇学，徒时时独念于予心，以谓方从进士干禄以养亲。苟得禄矣，当尽力于斯文，以偿其素志。

后七年，举进士及第，官于洛阳。而尹师鲁之徒皆在，遂相与作为古文。因出所藏《昌黎集》而补缀之，求人家所有旧本而校定之。其后天下学者，亦渐趋于古，而韩文遂行于世，至于今盖三十余年矣。学者非韩不学也，可谓盛矣。

呜呼！道固有行于远而止于近，有忽于往而贵于今者，非惟世俗好恶之使然，亦其理有当然者。故孔、孟惶惶于一时，而师法于千万世。韩氏之文，没而不见者二百年，而后大施于今。此又非特好恶之所上下，盖其久而愈明，不可磨灭，虽蔽于暂，而终耀于无穷者，其道当然也。

予之始得于韩也，当其沉没弃废之时。予固知其不足以追时好而取势利，于是就而学之。则予之所为者，岂所以急名誉而干势利之用哉？亦志乎久而已矣。故予之仕，于进不为喜、退不为惧者，盖其志先定而所学者宜然也。

集本出于蜀，文字刻画，颇精于今世俗本，而脱缪尤多。凡三十年间，闻人有善本者，必求而改正之。其最后卷帙不足，今不复补者，重增其故也。予家藏书万卷，独《昌黎先生集》为旧物也。呜呼！韩氏之文、之道，万世所共尊，天下所共传而有也。予于此本，特以其旧物而尤惜之。

——选自欧阳修《记旧本韩文后》

解惑

欧阳修的两大志向

欧阳修（1007—1072年），字永叔，号醉翁，晚年又号六一居士，北宋时期著名的文学家、史学家、政治家。

欧阳修幼年丧父，至进学年龄，因家贫读不起私塾，他的母亲郑氏便自任启蒙老师。家中无钱购买笔墨纸砚，母亲郑氏就以荻秆为笔、沙盘当纸，教儿子识字，春去秋来，寒暑不易。后世传诵的“欧阳画荻”故事即源于此。良好的家教熏陶培养了欧阳修的学习习惯和人生品质。他自幼酷爱读书，常从城南李家借书抄读。他天资聪颖，又刻苦勤奋，往往书不待抄完，已能成诵；少年习作诗赋文章，文笔老练，有如成人。幼时的勤奋努力，为欧阳修日后成长为杰出的政治家、文学家，打下了坚实的基础。

少年时代的欧阳修立志向学，从那时起，他的心中就有了很明确的志向。

欧阳修久存于心中的一个志向，是在仕途上有所成就，实现自己宏伟的政治理想。

24岁进士及第后，他积极主张除积弊、行宽简、务农节用，支持并参与韩琦及范仲淹等主持的“庆历新政”，力挺新政在吏治、军事等方面所提出的一系列改革措施。在新政因触及当朝既得利益者权益、遭到利益集团集体抵制而失败后，他眼见忠臣蒙冤，不禁义愤填膺，毅然提笔，不顾“戒越职言事”的禁令，以文章论救范仲淹，指责谏官高若讷谄媚权贵，不主持正义，“不复知人间有羞耻事”。

后世学者章太炎在学术史上有一卓越见解，即认为宋儒学说的主要体现者应该是欧阳修与苏轼，而非程氏二兄弟与朱熹。章氏以为，儒家思想救时行道的真谛是绝不粉饰太平以曲学阿世，士人应该为国担忧和为民疾呼，以名节相砥砺，对君主不惜犯颜直谏，奋不顾身抨击社会黑暗。而北宋中期以来，士大夫们这一良好风气的形成，“以欧阳子之功为多”。

在欧阳修心中，为官最当重民生。庆历五年(1045 年)被贬为滁州太守，他“主政于民”“克守臣职”，在政务之余，寄情于诗酒山水，为“负者歌于途，行者休于树，前者呼，后者应，伛偻提携，往来而不绝”的太平景象倍感欣慰，享受着政通人和、百姓安居乐业以及自己与民同乐的雅趣。庆历八年(1048 年)知扬州，到任才几个月，他就把公务繁杂的衙署治理得“各有条理，纲目不乱”，他“关心民瘼，抨击暴敛”，深受扬州老百姓的爱戴。宦海沉浮多年，欧阳修用自己独特的方式和人格魅力诠释着他的政治理想和抱负。

欧阳修的另一个志向就是重塑一代文风。

还是在少年时代，欧阳修因家贫到随州城南李家借书抄读。一天，他从李家旧纸筐里，发现六卷本的《昌黎先生文集》。在向李氏讨得后，他被韩愈文章的语言深厚、主题雄博吸引，被韩愈散文的朴实风格感动。

北宋初年，儒士学人崇尚绮文美句、吟风弄月的骈俪文字，这些只讲文法、华而不实、毫无用处的时文浸染了整个文坛。欧阳修对宋初以来浮靡雕琢和怪僻晦涩的文风深为不满，他决心继承韩愈古文运动的精神，汲取韩愈“文从字顺”的写作精髓，以自己的古文实践唤起人们对韩愈古朴、简而有法和流畅自然为文的重视，扭转一代文风。

欧阳修主张文章应“明道”、致用。他认为，自三代、秦、汉以来，著书立说之士不可胜数，“而散亡磨灭，百不一二存焉”，原因在于其“文章丽矣，言语工矣，无异草木荣华之飘风，鸟兽好音之过耳也”，因此，文章只有附丽于高尚的情操之上，才能传之后世。他还强调，做学问虽然不同于做官，但也要有气节，进不为喜，退不为惧，不为权势所动，不为世俗名利所惑。为此，他身体力行，大力倡导诗文革新运动，改革唐末到宋初的形式主义文风和诗风，因此成为北宋古文运动的领袖。其撰写的《醉翁亭记》文字锤炼精粹，情景交融，骈散自如，长短错落，层次清晰，并具有一种回环往复的韵律美感，被称为“欧阳绝作”。欧阳修的文风对王安石、曾巩、苏洵、苏轼、苏辙等人的散文创作以很大影响，其中，苏轼最出色地继承和发展了他所开创的一代文风。

欧阳修一生写了500余篇散文，各体兼备，有政论文、史论文、记事文、抒情文和笔记文等。他的散文大都内容充实，气势旺盛，具有平易自然、流畅婉转的艺术风格。叙事既得委婉之妙，又简括有法；议论纡徐有致，却富有内在的逻辑力量。他为文，章法结构既能曲折变化而又十分严密。他论诗，提出诗“穷者而后工”的论点，其《六一诗话》是中国文学史上第一部“诗话”，发展了杜甫、白居易的诗歌理论，对当时和后世的诗歌创作产生了很大的影响。他的《朋党论》《伶官传序》《与高司谏书》《醉翁亭记》《丰乐亭记》《泷冈阡表》等，都是历代传诵的佳作。欧阳修在宋代文坛的突出成就，奠定了他在宋代及整个中国文学史上的杰出地位，有似于唐代的韩愈，“天下翕然师尊之”。

明鉴

实现志向需要人生导航

读欧阳修的《记旧本韩文后》，追怀欧阳公的成就与逸事，我们会顿悟出人生中的许多道理。志向，是一个人头脑里的导航系统，能导引人的行为朝着他的人生目标前行。按照个人能力，树立合适志向，并在身体力行中追求志向，接近志向，最终以求实现志向，能让人获得更大的进步。

当然，今天，“立志”的主体有很多，可以是个人，也可以是以企业家为代表的企业。

阿里巴巴的“志向”是“活三个世纪”。因此，它一方面能够抵住诱惑，不去捡半山腰的“碎金子”，另一方面能更积极地探索趋势领域之业务，如物流、云存储等。近几年，它的目标是“让天下没有难做的生意”，2017年马云在杭州阿里巴巴园区接待联合国可持续发展目标倡导者时，表示其最大的愿望是改变世界。因此，它也探索环保、公益、教育等可持续发展问题的答案。阿里的目标也好,愿望也罢,看上去是随着企业规模和发展方向而变化的,但“活三个世纪”的“志向”一直没有改变过。

李彦宏曾介绍说,他的求学经历并不显赫,初中在晋东化工厂学校就读,高中在阳泉一中就读。高中时参加过学校组织的计算机兴趣小组,这个小组后来代表他们省到北京参加更高一级计算机比赛,没能获得名次。他觉得计算机有意思,决心苦学,终于考入北京大学信息管理专业,于 1991 年毕业,随后赴美国完成计算机科学硕士学位。在美期间,他总是想着哪一天搜索引擎能够是中文的就好了。如果留在美国就业,收入虽然高,但业务方面进不了核心圈,也难以实现自己的志向,于是他毅然选择回国创业。经过十多年的摸索、发展,百度已经成为全球第二大独立搜索引擎和最大的中文搜索引擎。

综观上述“志向”,虽然各有旨趣,但都与时代走向暗合或一致,能够满足个人或社会的最大诉求,引领行业(本专业)发展趋势。有这样的志向,这个人(或他所领导的团队)就可能有大成就。

师说

“新高考”是这几年全国基础教育的一个热词。

2014 年 9 月,国务院印发《国务院关于深化考试招生制度改革的实施意见》,指出“坚持以人为本、全面实施素质教育是教育改革发展的战略主题”,确定上海市、浙江省为全国高考综合改革试点省市,为其他省(区、市)高考改革提供依据。两地很快出台高考综合改革试点方案,并从 2014 年秋季新入学的高中一年级学生开始实施。

全面素质教育内容丰富,体系众多,远不像应试教育那么单一,因此既要瞻前顾后,又要恰如其分,客观全面地把握和决策。

中国教育学会名誉会长顾明远教授指出,生涯教育主要是告诉孩子怎么了解自己,怎么了解他人,知道自己的优点和缺点,对自己有一个全面的认识,从而提前对将来的学习和人生进行规划。全面素质教育如果失去了对每个学生生涯教育的规划,很容易偏离方向。

上海各高中学校从“新高考”试点之时起，便纷纷开设了“生涯教育课程”，通过各种各样的课程，让学生在12年的基础教育中逐步建立感兴趣的学科方向。以高考制度改革带动教育变革，使得高中学生按照理想模式成长的目标得以实现，是我们希望看到的变化。

指导学生找到他的志、趣、能力所在，以之为航标，帮助学生规划好他的生涯，是“新高考”语境下，教师的新职责、新任务。

学思

现代科技迅猛发展，人工智能快速布局，越来越多的职位将被替代乃至遭到淘汰，那么，我们还需要引导学生立志向、做生涯规划吗？期待您的思考和分享！

廉勤：裴侠闻鼓而病愈

勤者，有事则收之。

——《礼记·玉藻》

说文

“勤”有多个义项，用得多的是下面三个。

一、做事尽力，不偷懒。如勤劳、勤快、勤奋、勤政、勤恳、勤俭。

二、经常。如勤密、来往很勤。

三、上班，事务。如勤务、勤杂、出勤、后勤。

古文中也常常表示“帮助”，如勤王。

勤奋源于热爱和习惯，它应该是简单的、高效的。

为官则当廉且勤，廉而不勤就是尸位素餐。人在职场，就应该“眼里都是活儿”，嘴勤、手勤、脑勤、身勤，否则难有进步甚至难以维持既有水准。

北周时的裴侠就因既廉且勤，闻鼓病愈，而名垂千古。

读典

廉勤裴侠，独立使君

裴侠字嵩和，河东解人也。年七岁，犹不能言，后于洛城见群乌蔽天从西来，举手指之而言，遂志识聪慧，有异常童。年十三，遭父忧，哀毁有若成人。魏正光中，稍迁义阳郡守。武卫将军进侠于帝，授左中郎将。及帝西迁，侠将行而妻子犹在东郡。荥阳郑伟谓侠曰："天下方乱，未知乌之所集，何如东就妻子，徐择木焉。"侠曰："既食人禄，宁以妻子易图也？"遂从入关。除河北郡守，侠躬履俭素，爱人如子，所食唯菽麦盐菜而已，吏人莫不怀之。

此郡旧制，有渔猎夫三十人以供郡守。侠曰："以口腹役人，吾所不为也。"乃悉罢之。又有丁三十人，供郡守役，侠亦不以入私，并收庸为市官马。岁月既积，马遂成群。去职之日，一无所取。人歌曰："肥鲜不食，丁庸不取，裴公贞惠，为世规矩。"朝野服焉，号为"独立使君"。迁户部中大夫。时有奸吏主守仓储，积年隐没至千万者。及侠在官，励精发擿，数旬之内，奸盗略尽。转工部中大夫。有大司空掌钱物典李贵乃于府中悲泣，或问其故，对曰："所掌官物，多有费用，裴公清严有名，惧遭罪责，所以泣耳。"侠闻之，许其自首。贵自言隐费钱五百万。

侠尝遇疾沉顿，士友忧之，忽闻五鼓，便即惊起，顾左右曰："可向府耶。"所苦因此而瘳。晋公护闻之曰："裴侠危笃若此而不废忧公，因闻鼓声，疾病遂愈，此岂非天佑其勤恪也？"又司空许国公宇文贵、小司空北海公申徽并来候侠疾，所居第屋，不免霜露。贵等还，言之于帝。帝矜其贫苦，乃为起宅，并赐良田十顷，奴隶耕耒粮粟莫不备足。缙绅咸以为荣。卒于位,谥曰贞。

——节选自《北史·裴侠传》

解惑

“独立使君”美誉由来

历史上的裴侠是一员勇将,更是一位廉吏。他出任河北郡守,“躬履俭素,爱民如子,所食唯菽麦盐菜而已,吏民莫不怀之”。

按郡旧制,太守享有渔猎夫30人专门负责供应饮食的特权,裴侠说:“以口腹役人,吾所不为也。”于是全部免除他们的任务。另外,太守还有士兵30人供役使,裴侠也不用他们为自己干活,而是让他们以绢代役,用他们所交的绢为官府购买马匹,供打仗和运输之需,以减轻百姓负担。裴侠在任时间既久,马遂成群,但他在去职之时,一无所取。当地百姓将此编成歌谣:“肥鲜不食,丁庸不取,裴公贞惠,为世规矩。”意思是说,裴公坚贞仁惠,堪为世人的标准。

裴侠的“廉”源于他对自己的严格要求。裴侠曾为九世伯祖裴潜作《贞侯潜传》,传中附上裴氏宗室中有清名廉政者,欲使后来者学习和仿效,也以先人的作为来激励自己。他认为,清廉是任职的本分,勤俭是人立身的基础。先人以行动博得美名,活着,为人称道;死了,流芳百世。裴氏是个大族,好传统代代有人继承,以清苦修身不为名利,是怕辱没祖先。裴侠曾患重病,大司空宇文贵、小司空申徽前去探视,见到裴侠所住的房子,遮不住风霜。此番情景令探望的官员感触很深,皇帝亦为之感动。

历史上的裴侠有着“独立使君”的美誉。一次上朝时,周文帝命裴侠出班单独站在一边,对众官说:“裴侠清慎奉公,为天下之最,今众中有如侠者,可与之俱立。”众官皆自愧弗如,无一敢出来与之比肩并立。此事后来广为传颂,朝野均心服口服,誉其为“独立使君”。

“公生明,廉生威”,“惟廉可以服殊俗”。历史上,裴侠的“廉”让人们景仰敬重,他的清廉严政、人格魅力甚至影响和感召着一些贪官污吏良心发现,心思改邪归正。他转任工部中大夫,工部大司空的掌钱物典李贵躲在府中悲伤哭泣,有人问他原因，他回答说："我掌管的官府财物，有很多被我耗费占用了，裴公清廉严明，我害怕遭到重重的责罚。"在裴侠面前，李贵主动承认贪污了五百万钱，而最终得以"许其自首"。

从《北史·裴侠传》引文中，我们看到了裴侠这一位古代廉吏、勤吏的不朽形象。其实，无论是为官还是做人，不贪永远是不可动摇的"立身之本"。古代有"子罕弗受玉"的历史佳话和子罕"我以不贪为宝"的名言，在任何时刻，我们都要谨防"贪"的念头滋生。"廉者，政之本也，民之表也；贪者，政之祸也，民之贼也。"权力不拘大小，而能否正确使用，做到廉洁自律，是对每一位掌权者的考验。

闻鼓病愈，责任使然

裴侠是一位廉吏，也是一位敬业尽职的"勤吏"。"闻鼓病愈"是他留给后人的又一宝贵的精神遗产。他曾经病得很重，朋友很为他担忧。一日，忽然听到五声鼓响，裴侠猛然惊起，环顾左右说："可以回府。"自己的病也因此而痊愈。晋公宇文护感慨地说："裴侠病情这样危重却不忘考虑公事，由于听到鼓声，大病就痊愈了，这难道不是上天保佑他的勤勉谨慎吗?"

生活中也常常听人说起，一个人，在他承担着重要的责任时，他的心神为责任所牵系，尽管辛苦劳累，却不容易生病。比如，哺乳期的妈妈健康状况往往比较好；正在建造自家宅院的主人们，往往也精力充沛，干劲十足。一旦这个责任完成，他品尝着生命不可承受之轻时，过去积累下来的病痛，会突然爆发，他反而会一下子病倒。裴侠操劳公事，责任意识已经深入他内心，责任意识触发了他的生理应激反应，因此才会出现闻鼓而愈的奇迹。可见具有责任心，是一件多么重要的事！

明鉴

爱岗敬业，尽职尽责

教师的责任心主要应该体现在对工作负责、爱岗敬业上。爱岗，就是爱自己的工作岗位，就是爱教育，爱学生。敬业，就是恪尽职守，教书育人。爱教育就意味着不能过分横向比较付出与收入待遇，爱学生就意味着对学生的全面发展负责，不仅要关注学生的学业，也要关心学生的生活和习惯，以及情感、态度与价值观。

成尚荣老师在《人民教育》2010 年第 9 期上，提出一个看法：所谓教师，是成人世界派往儿童世界去的文化使者。他把教师的责任提到了一个很高的程度。

程红兵老师呼吁“教师需要思想力”时，连续发问，引人深思。他问：

你的课堂运用了很多技术，现代信息技术，网络技术，你是在运用这些技术手段灌输给学生许多现成的知识，还是引导学生去发现问题？

你的课堂里是培养学生单一的求同思维，还是培养学生的多样化思维、批判性思维？你的教学是把学生教得越来越迂腐、机械、呆板，还是把学生教得越来越聪明、越来越智慧？

你的校本课程是迎合上级检查而编写的，还是真正落实到现实课表当中的？你的校本课程是基于学生需要而设计的，还是基于教师知识储备而设计的？你的校本课程是考试的延续，还是智慧的启迪？

每一个人的真实回答里，能反映其是不是一个尽到教师职责的人。

师说

以终为始，预防倦怠

教师工作具有特殊性、长期性、艰巨性、复杂性。本体知识方面，教师要四面出击，不断积累的同时不断地吐故纳新。实践性知识方面，教师工作是一种助人行业，需要面临和处理复杂的人际关系。1974 年，美国心理学家弗登伯格首次将职业倦怠引入心理学领域，特指从事助人职业的工作者无法应付外界超出个人能量和资源的过度要求，而产生的生理、心智、情绪情感、行为等方面的身心耗竭状态。他认为，教师一直属于一种孤独的职业，因此本来就特别容易发生职业倦怠。各类调查和研究还表明，教师职业的情绪衰竭、低成就感和去个性化，是造成职业倦怠的三大元凶。

既要精通本业，又要防止发生职业倦怠，我们该怎么做呢？

首先，我们要有效率地勤奋。

丹尼尔 · 科伊尔的《一万小时天才理论》与马尔科姆 · 格拉德威尔的《异类》，

共同核心都是"一万小时定律"，即不管你做什么事情，只要坚持一万小时，应该都可以成为该领域的专家。没有勤奋是很难取得成就的。这一过程枯燥乏味，坚持尤为重要。但是，如果只顾着要表现出"勤奋"的样子，至多只能减少对自己的心理谴责而已。同样的一万小时有三种不同的状态和结果。一种是娱乐状态，一种是工作状态，两者都能从时间的流逝中感受到舒适，但永远不会有成就；后者也许能成为合格的职场人。第三种是训练状态，能主动、刻意地寻找不足，针对弱点作练习、反思、修正。因此有人提出"有目标的训练+自我挑战+一万小时=一万小时定律"的新说法。

其次，主动汲取多方信息，打破职业孤独。

不和别人比，不等于孤立行事，闭门造车。有感于当下信息时代，人们之间直接对话频率降低、看屏交流增多的趋势，笔者认为精通本业，要珍惜与同行、业外人士面对面交流的机会，偶谈或不谈八卦，多谈正事，提高交流效率。针对比较复杂的问题，面对面交流可以使我们利用口头语、肢体语言等多种方式把问题阐述得更清楚、更明白，而且可以得到及时准确的反馈，因此比较容易解决问题。这是电话、即时通讯、电子邮件等沟通方式难以做到的。面对面交流时，双方直接接触，能看到、听到、感觉到，因此作用更持久、影响更深远，这就是当面夸奖让人振奋、当面斥责让人更震动的原因。对于思想和情感上的交流，面对面的沟通方式也更合适。面对面交流不仅可以增强彼此之间的重视感，使人变得更真诚，而且还能通过五官的感觉和细微的肢体语言，如眼神的游移、握手的力度等，消除疑虑，增进信任，把误会发生的概率减小到最小化。

再次，要相信自己的工作价值。

美国著名管理学大师史蒂芬·柯维在《高效能人士的七个习惯》一书中，提炼出高效能人士"积极主动""以终为始""要事第一""双赢思维""知彼解己""协作增效""不断更新"的七个习惯，对我们颇有借鉴价值。其中，"以终为始"，即根据预期结果做开始，先在脑海里酝酿，然后进行实质创造，换句话说，就是想清楚了目标，然后努力实现之。一切价值标准，都以人生的最终愿景为依归，也就是由个人最重视的期许或价值来决定一切。这样，他会有热情；他就能够接受看似不可能实现的目标；他对于事情的看法总是乐观的，因为他会看到自己每天的进步，并且为这些进步加油；他会有勇气去否定自己，知道什么是必要的付出，什么是非必要的付出……盖棺论定时，他希望获得的评价，才是他心目中真正渴望的目标。从这个角度看，名利、成就等不免显得微不足道。

最后，要选择适合自己的路。

2001 年，新加坡教育部正式启动“教育服务专业化发展与职业规划方案”，提供三条专业发展路径供教师选择，让教师根据自己的意愿和实际，选择自己生涯发展的道路，规划自己的职业进阶路径，以此激发教师潜能，满足专业化发展的不同需要。一种是做普通教师，从职初到熟练到成熟到精专本学科教学；一种是往行政路上走，从普通教师到班主任到教导主任、校长；一种是做学者型研究型教师，从普通教师到研究者、学者、专家。与之对应的，则是配套的薪酬体系与培训体系。选择适合自己的路，可以更好地分配时间与精力在自己认为必要、值得的事情上。

“闻鼓而病愈”是一种非正常状态，感人至深但不必提倡。爱护自己的身体，保持身心两健，是对家人和单位尽责任，也是对社会尽责任。而“以终为始”不失为一项使自己人生更有意义，更能找到心灵安宁与满足，抛弃焦虑和倦怠的思维方式。果真能做到这样，精通本业完全指日可待，并且不至于紧张疲病到“闻鼓而愈”。

但是，勤奋、勤勉、勤快，始终是实现职场瓶颈突破的良方。时下流行语“比你聪明/有钱/高富帅的人还都比你勤奋”，也反映了它的群众基础、现实基础。

所以，还是那句老话：“业精于勤荒于嬉，行成于思毁于随。”

学思

“勤”和“忙”两者内涵相同吗？请说说您的理解。

专注：郑日奎嗜饮文字

不专心致志，则不得也。

——《孟子·告子上》

说文

《孟子·告子上》里有一则很有意味的小故事，说的是当时在全国最擅长下棋的大师弈秋教两个徒弟学下棋的事。故事说其中一个徒弟专心致志，弈秋怎么教，他就怎么做；另一人样子虽然也在听，心里却老想着将要有天鹅飞过来，该怎么样拉开弓箭将它射下。因此虽然两人一起跟弈秋学习，那个心里想着天鹅的却远不如专心学习的这一个。故事结尾慨叹道：这是因为他不如人家聪明吗？当然不是啊！

这个故事道出了学须专注的道理。

清初郑日奎也为我们提供了嗜饮文字、专心学习的真实案例。

读典

嗜读如醉

于堂左洁一室，为书斋。明窗素壁，泊如也。设几二，一陈笔墨，一置香炉、茗碗之属。竹床一，坐以之；木榻一，卧以之。书架书筒各四，古今籍在焉。琴、磬、麈尾诸什物，亦杂置左右。

甫晨起，即科头。拂案上尘，注水砚中，研墨及丹铅，饱饮墨以俟。随意抽书一帙，据坐批阅之。顷至会心处，则朱墨淋漓渍纸上，字大半为之隐。有时或歌或叹，或笑或泣，或怒骂，或闷欲绝，或大叫称快，或咄咄诧异，或卧而思、起而狂走。家人喇见者，悉骇愕，罔测所指，乃窃相议，俟稍定，始散去。婢子送酒茗来，都不省取。或误触之，倾湿书册，辄怒而加责，后乃不复持至。逾时或犹未食，无敢前请者。惟内子时映帘窥余，得间始进，曰："日午矣，可以饭乎?"余应诺。内子出，复忘之矣。羹炙皆寒，更温以俟者数四。及就食，仍挟一册与俱，且啖且阅。羹炙虽寒，或且变味，亦不觉也。至或误以双箸乱点所阅书，良久始悟非笔，而内子及婢辈罔不窃笑者。夜坐，漏常午，顾童侍，无人在侧。俄而鼾震左右，起视之，皆烂漫睡地上矣。

客或访余者，刺已入，值余方校书，不遽见。客伺久，辄大怒诟，或索取原刺，余亦不知也。盖余性既严急，家中人启事不以时，即叱出，而事之紧缓不更问，以故仓卒不得白。而家中盐米诸琐务，皆内子主之，颇有序。余是以无所顾虑，而嗜益僻。

他日忽自悔，谋立誓戒之，商于内子。内子笑曰："君无效刘伶断饮法，只赚余酒脯、补五脏劳耶？吾亦惟坐视君沉湎耳，不能赞成君谋。”余悄然久之，因思余于书，洵不异伶于酒，正恐旋誓且旋畔；且为文字饮，不犹愈于红裙耶？遂笑应之曰：“如卿言，亦复佳。”乃不复立戒，而采其语意以名吾斋，曰“醉书”。

——选自郑日奎《醉书斋记》，有删改

解惑

郑日奎曾于家中堂屋左侧专门收拾干净一间屋子作为书斋，明亮的窗户、洁白的墙壁，很恬静。书斋里摆放了两个几案，一个放置笔墨，一个放置香炉茶碗之类。一张竹床，用来坐；一张木榻，用来卧。还摆放了书架书筒各四个，古今的书籍都放在里边。琴、磬和麈尾等各种什物，也都交错地摆放在旁边。

早晨一起床，郑日奎就帽子也不戴地拂去几案上的灰尘，把水倒进砚台里面，研磨好墨和丹砂、铅粉，把笔蘸饱满做好准备。随意抽出一卷书，靠坐在案边批注阅读起来。一会儿读到自己有领悟的地方，就用笔在纸上尽情批注，书上的字迹大半因此而看不清楚了。有时候唱起歌来，有时候发出感叹；有时候大笑，有时候哭泣；有时候生气痛骂，有时候郁闷得要死；有时候大声叫嚷口称痛快，有时候连连惊叹感到诧异；有时候躺着静静思考，有时候起身一阵乱跑。看见这些情景的仆人都害怕惊讶，猜不出郑是什么意思，于是偷偷地议论，等到郑渐渐平静下来，才散开离去。婢女送来酒和茶，郑都不记得端来喝。有时候不小心碰到，打翻后弄湿了书本，就很生气地责骂，婢女后来也就不再端来了。有时候过了时间郑还没有吃饭，也没有人敢上前请他去吃。只有妻子有时隔着门帘观察他，找到间隙才走进来，说：“时间已经是正午了，可以吃饭了吗？”他答应了。妻子离去后，又忘掉了。汤、肉都凉了，多次拿去重新加热等着他去吃。等到去吃饭，他仍然带着一本书一道前往，边吃边看，汤和肉即使凉了，或者味道都快变了，也不察觉。甚至有时误用一双筷子在读的书上乱点画，过了许久才醒悟过来不是笔，妻子及婢女们没有不偷着笑的。晚上读书常常到午夜，回头看仆人，没有人在旁边，一会儿身边鼾声震响，起身一看，他们都熟睡在地上。

有客人前来看望他，名帖送进来后，碰上他正在校读书籍，没有立即出去见客人。客人等久了，就非常生气地责骂起来，或者要回他的名帖，郑也不知道。大概是因为郑的性情急躁，家里人禀告事情若时间不恰当，就会被大声呵斥并被赶出去，而郑对事情的紧急舒缓又不加过问，因此匆忙之中没能告诉他。家里的盐米等琐碎事务，都是妻子掌管，很有秩序，因此他没有什么顾忌和忧虑，读书的嗜好越来越怪僻。

有一天郑忽然自己悔悟了，打算发誓戒掉它，就同妻子商量。妻子笑着说："你不会是仿效刘伶戒酒的方法，只不过是要骗得我的酒肉，弥补五脏的辛劳吧？我也因看你沉湎在书籍之中，而不能帮助你实现你的打算。"郑惊疑了很久，于是想到他对书，确实同刘伶对酒没有差别，正担心刚发誓随即就要违背；况且他认为自己嗜好的是诗文，不比沉溺于女色还好吗？于是他笑着回答说："像你说的，原来沉湎于诗文也是很好的。"于是郑不再提戒掉嗜书，而是采用妻子的语意来为他的书斋起名，叫作"醉书斋"。

明鉴

过去文人乐于为书斋写记，书斋有时是自己的，有时是别人的。通常都会在记中交代书斋得名缘由，无论叙述、描写、议论、抒情，都会把作者的某种个人特质、品德操守、理想追求、现实观照等融进字里行间。即这类记，或以言志，或以自勉，或以寄情，或以明愿，词隽意蕴，情溢于墨，理见其辞，耐人寻味。如果是应邀替别人的书斋写记，则常常会表达对主人的赞美、劝喻、期望之类的感情。如刘禹锡的书斋取名陋室，是因为他深信"斯是陋室，惟吾德馨"，且自比其为"南阳诸葛庐，西蜀子云亭"，那么，"何陋之有"？蒲松龄的聊斋，得名原因据说是他曾专门在家门口开了一家茶馆，请喝茶的人给他讲故事，讲过后可不付茶钱，听完之后再作修改写到书里面去，终于写成《聊斋志异》。

书斋命名的风格各不相同，有的庄重典雅，有的朴素平易，有的幽默诙谐。

郑日奎读书，痴迷沉醉到了忘记茶饭、吓退婢女、得罪访客的程度，完全不是"消遣性读书"。所以他的书斋也布置得"明窗素壁，泊如也"，陈设也简单到极致。他是真正冲着读书这件事而端坐到书斋里的人。"醉书斋"一名，可谓名得其然，名得恰当。

郑日奎自己“醉书”“饮文字”，但绝非读死书、死读书之人。博学多闻之后，他主张把文章分为三类：“文章有经世者，有名世者，有应世者。”科举时文是应世之文，表现性灵文采的是名世之文，关系国计民生的是经世之文。《漕运揭》是他最长的一篇文章，全文七千余字，揭露漕运积弊，论述自己的改革建议，是他最出名的经世之文。他还把读和写、想和做结合起来，在文学创作实践和理论总结方面都卓有建树，在运用所学指导实际问题的解决方面也作出了成功示范，表现在以下三方面。

一是文学学术成就斐然。

清初杰出诗人、文学家王士祯，官至刑部尚书，颇有政声。他曾有诗云：“水部风流似郑虔，乱书堆里日高眠。何山往事思求点？弘治文流竞比肩。谁嗣箧中冰雪句？分题都在浣花胰。诗名流播鸡林远，远道风花蜀国弦。”诗中“水部”即指郑日奎，因他任过晋都水员外郎。郑虔，是盛唐百科全书式的一代通儒，深受杜甫赞许。历代美术史家认为郑虔与王维一样是中国文人山水画的开创者，草书成就可与张旭媲美。诗中把郑日奎与郑虔相提并论，足见其人格魅力和学识功夫。而“乱书堆里日高眠”的描写，则道出了郑日奎嗜饮文字的书生本色。

郑日奎的《醉书斋记》《游钓台记》，都被清末民初的学者兼出版家王文濡编选进了《续古文观止》。王在序中说：“撮凤一毛，截麟一趾，自足概其全体之美者。”他对此选本自评甚高。由此也可见郑日奎文章在他心中、在当时人心中，地位了得。

二是文风独特，文论实用。

郑日奎有一篇《游钓台记》，记他草草途经东汉著名隐士严子陵遗迹“钓台”的一段趣事，明明只是途经而已，他却写成如何目游奇秀幽倩之山境，鼻游无名之芳香，舌游佳甚之滩水，神游严子陵辉映千古之风节，耳游舟子之答问，“非游也，然以为游，则亦游矣”。“目游”之类说法非常新奇，笔墨非常儒雅有趣，从文字中，你也能感受到他的豁达心态与幽默性格。

在他教子弟怎样做文章的那些书信短简中，有不少是阐述“怎么写”的问题的，总结了他创作古文的经验。他认为读书时，一要注意搜集和积累资料。“工织锦者必多蓄丝，以备择用；若无丝矣，虽绝世良工亦无所施其巧。夫作文，织锦也，读书则多蓄丝以备择用之故也。”二要善于对材料进行分析取舍。“为蚕养桑，非为桑也；以桑饭蚕，非为蚕也。逮蚕吐茧而丝成，不特无桑，蚕亦亡矣。取其精去其粗，取其神去其形，所谓罗万卷于胸中而不留一字者乎！”他还提到要沟通材料之间的内在联系。“读书如练兵，作文如用兵。练兵者，必其平时教训，纪律精严，士知将意，将识士心，已具心腹手足之用。一遇敌，则进退攻击惟所指挥，虽在仓卒，亦不可败。”

三是人品官品高尚。

郑日奎于顺治十六年(1659 年)中进士，授庶吉士。后做过晋都水员外郎，礼部主客司郎中。

清代散文家魏禧在《郑祠部遗集序》中说：“读《与陈元公论钱虞山》及《与子弟手札》，而礼部君之学术见矣；读《漕运揭》而经济见矣；读《信民谣》《战国策杂诗》《父老叹》诸作，而礼部君之情性心术见矣。”在魏禧看来，郑日奎关心学术，关心国计民生的精神都在他的诗歌散文里流露出来了。

康熙十一年(1672 年)，郑日奎与王士祯同为四川乡试主考官，所录皆名士。因为太过劳累，郑日奎回京后不久就病逝了。读书，滋养了他的为人心性、道德操守，也训练了他为国选士的识人慧眼。

读书，成就了郑日奎。

师说

为何读书

中国是一个素有读书传统的国家，国人爱读书，古来就流传孔子韦编三绝、匡衡凿壁偷光、孙敬头悬梁、苏秦锥刺股、车胤囊萤夜读、李密牛角挂书等佳话。

有人把读书目的归结为“消遣性读书”“功利性读书”和“积累性读书”三种。第一种意在茶余饭后、悠闲自在品味，“采菊东篱下，悠然见南山”，心之悠悠、神之宁宁，只求赏心悦目，古今天下事，俱付笑谈中。第二种则意在读书有目标、有追求，而每读必有所得、必有所用，“牧人驱犊返，猎马带禽归”，虽有实用之嫌，却能让读者活学活用，并在应用的过程中开阔视野，获得经验和真知。第三种重在借读书日积月累，建构属于自己的知识大厦，“会当凌绝顶，一览众山小”，在读书的过程中不急不躁，静心积累经验、技能和智慧，集腋成裘，积沙成金，学识基础逐步夯实，得到全面发展。

读书目的当然不止这三种。一时之间无明确目的的读书，也未必就对自己不发生作用。正如人所说，当你还是个孩子时，你吃过很多东西，现在你已经记不得吃过什么了。但可以肯定的是，它们中的一部分已经长成你的骨头和肉。清代文学家张潮在《幽梦影》中说："少年读书，如隙中窥月；中年读书，如庭中望月；老年读书，如台上玩月。""窥""望""玩"三个字极传神地道出了不同年龄段读书的境界以及读书对于扩大视野和胸怀的作用。

宋代黄庭坚说："士大夫三日不读书，则面目可憎。"作家张秀亚认为，读书，读好书，乃是最简易可行的美容术，因为读好书乃是第一流的天才以其最精粹的语言来和你讲话。李白、王维、李清照、莎士比亚、安徒生、爱默生……都住在你的书架上，随请随到，他们会向你展示其灵魂深处最美的言语。这些言语，美化了你的心灵，也同时美化了你的容颜，而且是发于中而形于外的一种真美。平时所谓的风度高雅，所谓的气质高贵，所谓的眉目清朗，所谓的有书卷气，都是勤于读书的结果。

怎样读书

蒲松龄《聊斋志异·书痴》中的男主人公，是一个典型的中国古代书生，完全只为了读书而读书，除了读书什么也不会做。书中写到"书中自有颜如玉，书中自有黄金屋"，他就坚定不渝地相信书中真有，闹出不少笑话。幸而作者妙笔生花，替他创造出一个狐女，狐女威胁他，不听劝说、不作改变就要离开他，这才教会了他夫妻之事及下棋弹琴等，总算把只会读死书的"半个人"，变成一个"完整人"。狐女还继续改造他，跟他喝酒、玩耍，使他高兴得忘了读书；又让他走出家门，多交朋友。从此他风流潇洒、多才多艺的名声就远远传开了，科举考试也高中了。蒲松龄的本意是讽刺科举之荒唐：未经改造前的这书生，读书再多，于社会何益呢？而已经改造后的这书生，还有读书人的样子吗？

鲁迅笔下的孔乙己，最出名的话大概要数"茴香豆的'茴'字有四种写法"以及"窃书不是偷书"论。——读书如此，便食古不化。

因此，读书，不是一件简单的事。

首先，读书需要入境。要入境，则先须心静。心静，则宠辱物我偕忘，喧嚣浮躁全无，人书合一，独步古今，静悟世事。唯有静得下心，方能读而生思生智，悟有所得，开阔眼界，品尝快乐与情趣。读书如果是一粒能化万物的种子，那么唯有静心地滋养才能使之开出鲜花，结出硕果。试想，夜静物寐之际，一枕床头，一杯清茶，一抹灯光，一本好书相伴；三更灯火之时，呼吸清新空气，清喉润嗓，于丹田之处发出书声琅琅，这如何不是人生一大快事？心静，即使环境嘈杂，也无妨我得读书之乐。郑日奎嗜好读书达到痴迷程度，系因心静——非心静无以入境。

其次，读书需要有所选择。“吾生也有涯，而知也无涯”，我们所有的焦虑，大致都来自时间轴带给我们的压力。生命的意义就在于它的一次性。在过度互联的时代，我们需要暂时将所有蜂拥而入的信息屏蔽在外，让认知的焦点，从外向内转移。而“互联”与“深思”是认知的梯形结构。一个人的洞察力，来自认知的跨度，更来自认知的纵深度。如果不把认知锚定在一定范围，知识和视野的横向扩展就会变成随时耗散的扩展。对日益庞杂的信息的屏蔽力、删除力，正在成为过度互联时代的个人竞争力。

再次，读书需要付出心力。常言道，书山有路勤为径，学海无涯苦作舟。一个人读书，若只是泛读便于事无补。为此，有人总结自己读书所经历的三重境界是“吞”“啃”“品”。“吞”即生吞活剥，囫囵吞枣，这是积累的过程。读书不能死，但有些内容也是需要花死功夫苦记的。“啃”即咀嚼消化，强行吸收，“不经一番寒彻骨，怎得梅花扑鼻香”。对于疑难之处，要舍得花气力攻克理解上的难关。“品”即以平静之心融入书中情境，摒除一切杂念与私欲，与作者作了无间隙的情感沟通，与书中的主人公作坦诚坦荡的心灵对话，从而真正品出书中之情、味、趣。仔细想一想，这读书“吞”“啃”“品”的三重境界，说来容易，做到却难。

最后，读书需要方法，也有规律可探寻。我国著名的数学家苏步青说过：“读书，第一遍可先读大概；第二遍、第三遍逐步加深体会。我最喜欢《聊斋》，不知读了多少遍。起初，有些地方不懂，又无处查，我就读下去再说；以后再读就逐步加深理解了。读数学书也是这样，要把一部书一下子读懂不容易，我一般是在边读边想中做习题；到读最末一遍，习题也全部做完。读书不必太多，要读得精。要读到你知道这本书的优点、缺点和错误了，这才算读好了，读精了。”他的方法是多读几遍，边读边想边做，少读精读。当然，每个人可以有适用于自己的读书之法，要点在于自我总结和遵循。

读书需要专注，专注，才能更好地生存。教师所必需的本体性知识、条件性知识、实践性知识，涉及范围广大，精研其中任意一点，都必须专注。

有些人能够在某个时刻、某个时段保持专注，有些人能够在人生长旅中，始终对某一件或几件事情保持专注。能长时段地保持专注，一直学习，一直进步，则必能收获既渊且博的学习效果。有此效果，为学生尽职的基础就非常牢固了。

学思

当今，承载阅读内容的载体变了，移动学习成为阅读的重要方式，也因此有人担心现代人越来越失去专注力，只能作碎片化阅读了。您对此有何看法？期待您的思考和分享！

善疑：宗元质疑铁炉步

尽信书，则不如无书。

——《孟子·尽心下》

说文

宋代张载说“学则须疑，学贵善疑”，“于无疑处有疑，方是进矣”。要学习就得会怀疑，做学问以善于怀疑为可贵；在别人没觉得有疑问的地方你感觉到了疑问，才是学问进步的开端。

明代学者陈献章说“学起于思，思源于疑”，“小疑则小进，大疑则大进”。学习开始于思考，思考源于（对事物的）疑问；有小的疑问才有小的进步，有大的疑问才有大的进步。

“疑”是学习的需要，是思维的开端，是创造的基础。

“疑”的能力也不只在做学问方面能发挥重要作用，在思想、科技、企业运营等社会生活的方方面面，都有作用。

柳宗元曾经质疑过永州北城铁炉步：没有“埠”的地方，为什么还一直妄称其名？柳宗元其实只是借此发挥，表达他对当时现实中名实不符现象的一种反对态度，但我们读他的这篇文章，收获也许不止于此。

读典

有名无实的铁炉步

江之浒，凡舟可縻而上下者曰步。永州北郭有步，曰铁炉步。

余乘舟来，居九年，往来求其所以为铁炉者，无有。问之人，曰：“盖尝有锻者居，其人去而炉毁者不知年矣，独有其号冒而存。”余曰：“嘻！世固有事去名存而冒焉若是耶？”步之人曰：“子何独怪是！今世有负其姓而立于天下者，曰：‘吾门大，他不我敌也。’问其位与德，曰：‘久矣其先也。’然而彼犹曰‘我大’，世亦曰‘某氏大’。其冒于号有以异于兹步者乎？向使有闻兹步之号，而不足釜、锜、钱、镈、刀、鈇者，怀价而来，能有得其欲乎？则求位与德于彼，其不可得亦犹是也。位存焉而德无有，犹不足大其门，然世且乐为之下。子胡不怪彼而独怪于是？大者桀冒禹，纣冒汤，幽、厉冒文、武，以傲天下。由不知推其本而姑大其故号，以至于败，为世笑僇，斯可以甚惧。若求兹步之实，而不得釜、锜、钱、镈、刀、鈇者，则去而之他，又何害乎？子之惊于是，末矣！”

余以为古有太史，观民风，采民言，若是者，则有得矣。嘉其言可采，书以为志。

——选自柳宗元《永州铁炉步志》

解惑

江边上，凡是可以系住舟船并能上下船的地方叫作“步”，即船埠头。永州城北有个步（埠），叫作铁炉步（埠）。

柳宗元坐船来到永州，住了九年了，往来这里多次，寻找把这里叫作“铁炉步”的原因，一直没找到。向别人请问这件事，那个人说：“原因是曾经有铁匠住在这里，铁匠离开了，铁炉也毁了不知有多少年了，只有这个名字留存下来。”

柳宗元说：“噫！世间竟有像这样东西已经没了而名字空存假冒着的事？”铁炉埠的居民说：“先生为什么独独对这件事感到奇怪！当今就有依仗自己姓氏门第立足于天下的人，说：‘我的家族大，别人比不上我。’问起他的职位与功德，他就会说：‘那是我祖先的事，已经过去很久了。’然而他还是说‘我了不起’，世人也说‘某某家族真了不起’。他徒有虚名的情况和这个埠有什么区别吗？假使有人听到这个船埠头的名号，而这里又缺少各种铁锅、铁铲、锄头、刀、斧头等铁器，他带了钱来要买，这里有能满足他要求的东西吗？那么，要在那些自称门第高贵的人身上找到应有的职位与功德，那不能实现也像在这里买不到铁器一样。职位保存在此却没有公德，还是不能够光大他的门第，但是，世人还是心甘情愿地拜倒在他的门第之下。先生您为什么对那种情况不感到奇怪而唯独对这个船埠头的事感到奇怪呢？冒名的事还有更大的呢，夏桀假冒他的祖宗夏禹，商纣假冒他的祖宗商汤，周幽王、周厉王假冒他的祖宗周文王、周武王，并且因此而轻视天下所有的人。他们由于不知道推求事情的根源，而只能姑且夸大祖宗的老名声虚张声势，胡作非为，以至于身败名裂，被世代的人们所耻笑辱骂。这种事最值得警惕恐惧啊。至于考求这个船埠头的实际，如果在这里买不到各种铁器，就离开这里而到别处去买，又妨害了什么呢？您对这个船埠头的名实不符感到惊奇，是舍本逐末啊！”

柳宗元认为古代有史官，观察民间风俗，搜集择取民间言论。如果照这样去做，就必然有所收获了。他赞赏这位铁炉埠居民的话，认为有可取的地方，就把它写成了这篇志。

明鉴

柳宗元之实：真才实学

柳宗元(773—819年)，字子厚，河东人，世称“柳河东”“河东先生”。柳宗元与韩愈并称为“韩柳”，与刘禹锡并称“刘柳”，与王维、孟浩然、韦应物并称“王孟韦柳”。

柳宗元出身高门大户，但他的官位名气并非由祖上荫庇得来。他是个极有思想主见的人。他批判神学，强调人事，用“人”来代替“神”，把古代朴素唯物主义无神论思想发展到了一个新的高度。他还把对神学的批判变成对政治的批判，用朴素唯物主义观点解说天和人的关系。柳宗元推崇儒学，但不主宗一家。他的不少言论，往往从折中调和的立场，来对儒、法、释、道等各家学说作调和式解说，这是他思想异于其他思想家之处。

贬居永州期间，他创作了大量针砭时弊、寄寓鲜明的政论文。政论文《晋问》，强调物质为人民所用，而人民与统治者平等地分享物质，表达了他“物为人用，民先君后”的政治理想。

概而言之，他的作品，都贯彻了他的唯物主义思想和政治改革主张。

在文学上，他也有自己的思想主张。他和韩愈一起，在文坛上发起和领导了一场古文运动。在文章内容上，针对骈文不重内容、空洞无物的弊病，他们提出“文道合一”“以文明道”，要求文章反映现实，“不平则鸣”，富于革除时弊的批判精神。在文章形式上，他们提出要革新文体，突破骈文束缚，句式长短不拘，并要求革新语言，“务去陈言”“辞必己出”。此外，柳宗元还指出先“立行”再“立言”的进步文学主张。

贬居永州期间，柳宗元“居闲，益自刻苦，务记览，为词章，泛滥、停蓄，为深博无涯涘。而自肆于山水间”。他大笔挥洒，描摹永州山水的高旷之美，使寂寥冷落的永州山水给人以气势磅礴之感。他所创作的“永州八记”，有一个共性：美好的风景被遗弃在僻远的荒野中无人赏识，受人轻蔑，经过他努力发掘、整理，成为焕发美丽、值得欣赏的胜景佳迹。

在他眼里，永州的山水和自己一样，为世人所遗弃和漠视，因此，他并不是客观描摹自然风景,而是蕴藏着深厚的思想感情。《小石潭记》里,“潭中鱼可百许头,皆若空游无所依。日光下彻,影布石上,佁然不动;俶尔远逝,往来翕忽。似与游者相乐”。工笔描绘潭中的鱼,大约有一百来条,都好像在空中游动,什么依靠都没有。阳光直照到水底,鱼的影子映在石上,呆呆地停在那里一动不动,忽然间又向远处游去了,来来往往,轻快敏捷,好像和游玩的人互相取乐。

永州山水,在柳宗元之前,并不为世人所知,在柳宗元的笔下,却表现出别具洞天的审美特征,极富艺术生命力。

这些优美的山水游记,生动地表达了人对自然美的感受,丰富了古典散文反映生活的新领域,从而确立了山水游记作为独立的文学体裁在文学史上的地位。

有立意鲜明、推陈出新的文学创作主张,有丰硕优美、牢笼百态的文学创作实践,他和韩愈倡导的“古文运动”不仅恢复了散文的历史地位,而且把散文的实用范围推广了,使散文在传统的著书立说之外,在日常生活中找到了表现自己写景、抒情、言志的广阔园地。北宋中叶,在新的现实条件下,以欧阳修为首,再一次掀起了古文运动,成就了文学史上极具声名的“唐宋八大家”。明代唐顺之、归有光等人的古文和清代“桐城派”的古文,都是对以韩柳为首的唐宋古文新传统的直接继承和发展。

柳宗元之名:官场失意

柳宗元祖上世代为官,他的母亲卢氏属范阳卢氏,祖上也世代为官。建中四年(783 年),柳宗元为避战乱来到父亲的任所夏口,其后随父亲宦游,直接接触到社会,增长了见识。他参与社交,结友纳朋,并受到人们的重视。20 岁时,柳宗元被选为乡贡,得以参加进士科考试。第二年,进士及第,名声大振。不久,父亲柳镇去世,柳宗元在家守丧。796 年,24 岁的柳宗元被安排到秘书省任校书郎。798 年,26 岁的柳宗元参加了博学宏词科考试,中榜,授集贤殿书院正字(官阶从九品上)。801 年,柳宗元被任命为蓝田尉(正六品)。803 年十月,柳宗元被调回长安,任监察御史里行,从此与官场上层人物交游更广泛,对政治的黑暗腐败有了更深入的了解,逐渐萌发了要求改革的愿望,成为王叔文革新派的重要人物。

可惜这个革新只开展了 180 多天,就被新即位的宪宗打压下去。柳宗元被贬为邵州刺史,在赴任途中,又被加贬为永州司马。815 年,他被改贬为柳州刺史。

四年后，柳宗元在柳州因病去世，享年47岁。

从入仕到去世，总共23年，仅半年的时间（参与王叔文集团政治革新期间），他可称少年成名，春风得意，其后就因革新失败而屡遭打击，官场失意，郁郁而终。尽管如此，他在官位时，还是认认真真践行儒家道统，积极入世，为民谋利。在任柳州刺史期间，他释放奴婢，开凿水井，使从来不敢打井的柳州，接连打了好几眼井，世世代代靠喝雨水和河水长大的柳州人，从此喝上了干净甘甜的地下水。他组织乡间的闲散劳力，开荒垦地，种树种菜，鼓励发展生产，让人民的生活走出饥饿和贫穷；整治街巷，修筑庙宇，并开发了不少自然景观。他还兴办学堂，采取各种方法鼓励小孩子积极读书，从根本上提高当地百姓的素质。

唐元和十四年（819年）柳宗元在柳州病逝，第二年灵柩归葬长安；后地方人士按照他"馆我于罗池"的遗愿，在罗池旁建庙，在柳宗元灵柩原停放处修建了衣冠墓，供千秋凭吊。

师说

一个人的名与实

名，即名称、名义、名分、名声、名望、名誉、名头。实，则为实际、实质、实在、实有、实力。名与实，可能是统一的，也可能是分离的。前者如名副其实、实至名归、名不虚传，后者如有名无实、徒有虚名、名过其实、名存实亡。

如果用"名"来给芸芸众生分类，大致可以分为三类：声名狼藉并遗臭万年的；默默无闻的无名小卒；声名卓著并可以名垂千古的。每一类中还可以再分出若干个等级。

对一个人而言，所谓"有名"，就是指有影响力。但影响力有两种，一种是角色的影响力，一种是思想（精神）的影响力。前者是外在的、暂时的，后者是内在的、永恒的。

笔者非常遗憾地发现，正史中对于我们耳熟能详的柳宗元、韩愈、苏轼这样的人，所用笔墨很少。其实这也不算奇怪。他们这样的人，在当时只算是小角色，虽然有大思想，但并没有为当时人所认识和接受，也不曾有机会在社会生活、政治舞台上发挥才智。然而，他们深受儒家入世思想影响，无论当下官阶之名分与本人才干之实际相比如何严重低配，一有机会就尽心竭力为地方百姓做实事，做泽被后世、利在千秋的实事。所以历史终于给了他们应有的名分和社会地位。

况且，柳宗元在世时，名分与才干不统一，但“青山遮不住，毕竟东流去”，他的名与实最终还是由天道和人心一起完全相符相配了。如今，除了上述以“柳公祠”为代表的表达纪念的实物以外，更普遍地存在于人们心中的，是他在文学史上永不磨灭的古文运动，是他的入选语文教材的诗歌《江雪》，散文《小石潭记》《捕蛇者说》《种树郭橐驼传》……

人们常常依赖外在名分（比如一大堆的社会角色、各种头衔），来定义自我，区隔他人，设定等级，分配尊重，而缺乏自知之明和知人之明。人成为盛装各种面具、道具的容器。结果，这样的“名”，就如同没有生命力、没有香味的塑料花。

因此，我们精于本业，不为求名。“实”至时，相信“名”也会归的。当然，也不必在“名”面前无谓地清高。毕竟，“介之推不言禄，禄亦弗及”，古来如此。我们要做的，是先让自己有与“名”相配的“实”，而不是拒绝“名”。

这，就是笔者对于“名”“实”关系的一种无疑之思。

学思

您经历过质疑时刻或事件吗？期待您的思考和分享！

坚守：辕固正学不阿世

官吏豪杰与计坚守者，十人。

——《墨子·号令》

说文

有位知名房地产商人说及一件往事，1991年他和另外五个人创办企业，在想明白自己不是为了生计，而是为了信仰、为了国家的未来而办企业之后，他们定了这样四条规矩：一不移民，二不转移资产，三不偷税漏税，四不行贿干部。“不管别人怎么乱，我们得守规矩。”现在他们也老了，每年聚会，很高兴地看到六个人都还在，“阵地”（公司）也在，没有一个人成为两院（医院和法院）“院士”，不禁为一直以来自己的坚守而喝彩。

商人是直接跟钱发生联系的一类人，学者则是通过自己的学问间接跟钱有联系的一类人。毫无疑问，名可以带来利，利也可以带来名，学术圈里也有名利场。怎么应对才好？西汉儒生辕固的故事会给我们一些启发。

读典

辕固抗颜卫儒学

清河王太傅辕固生者，齐人也。以治《诗》，孝景时为博士。与黄生争论景帝前。黄生曰："汤、武非受命，乃弑也。"辕固生曰："不然。夫桀、纣虐乱，天下之心皆归汤、武，汤、武与天下之心而诛桀、纣，桀、纣之民不为之使而归汤、武，汤、武不得已而立，非受命为何？"黄生曰："冠虽敝，必加于首；履虽新，必关于足。何者？上下之分也。今桀、纣虽失道，然君上也；汤、武虽圣，臣下也。夫主有失行，臣下不能正言匡过以尊天子，反因过而诛之，代立践南面，非弑而何也？"辕固生曰："必若所云，是高帝代秦即天子之位，非邪？"于是景帝曰："食肉不食马肝，不为不知味；言学者无言汤、武受命，不为愚。"遂罢。是后学者莫敢明受命放杀者。

窦太后好《老子》书，召辕固生问《老子》书。固曰："此是家人言耳。"太后怒曰："安得司空城旦书乎？"乃使固入圈刺豕。景帝知太后怒而固直言无罪，乃假固利兵，下圈刺豕，正中其心，一刺，豕应手而倒。太后默然，无以复罪，罢之。居顷之，景帝以固为廉直，拜为清河王太傅。久之，病免。

今上初即位，复以贤良征固。诸谀儒多疾毁固，曰"固老"，罢归之。时固已九十余矣。固之征也，薛人公孙弘亦征，侧目而视固。固曰："公孙子，务正学以言，无曲学以阿世！"自是之后，齐言《诗》皆本辕固生也。诸齐人以《诗》显贵，皆固之弟子也。

——选自《史记·儒林列传》

解惑

汉代初年，黄老之学盛行，统治者崇尚“与民休息”“无为而治”，适应汉初巩固王朝统治的需要。但随着汉王朝政权统治的日益稳定以及儒学势力的逐渐恢复，儒道两家的矛盾开始尖锐，道家“无为而治”的思想直接受到来自儒学的挑战。同时，汉景帝时代的政治格局与汉高祖刘邦建立西汉政权之初相比，也已经发生显著变化。各地诸侯日渐强大，开始威胁中央政府的决策和政策影响力；北部的匈奴一直入侵汉朝边境，威胁汉朝的安全。内外部变化的政治形势迫使汉景帝想借重儒家思想，来加强对国家的控制和干预。

于是，在汉景帝时期，儒学家以辕固为代表，与黄老学派的黄生在朝廷上就汤武“受命”问题发生争论便成为一个导火索，儒道两学的激辩前所未有，汉景帝便是这一场争论的目睹者。

黄生坚持认为：“汤王、武王并不是秉承天命继位天子，而是弑君篡位。”辕固则反驳说：“不对。夏桀、殷纣暴虐昏乱，天下人的心都归顺商汤、周武王，商汤、周武王赞同天下人的心愿而杀死夏桀、商纣，夏桀、商纣的百姓不肯为他们效命而心向商汤、周武王，商汤、周武王迫不得已才立为天子，这不是秉承天命又是什么？”

黄生认为汤武非受天命，有他的理由：“帽子虽然破旧，但是一定戴在头上；鞋虽然新，但是必定穿在脚下。为什么呢？这正是上下有别的道理。夏桀、商纣虽然无道，但是身为君主而在上位；商汤、周武王虽然圣明，却是身为臣子而居下位。君主有了过错，臣子不能直言劝谏纠正来保持天子的尊严，反而借其有过而诛杀君主，取代他自登南面而称王，这不是弑君篡位又是什么？”

显然，从统治者希望政权稳固的角度来说，黄生的话与汉王朝统治者建立政权后崇尚“与民休息”“无为而治”的观点接近，他的见解更为当时的统治者所欢迎。试想，有哪一位拥有既得利益的统治者希望手下人以“天下之心”为理由，颠覆自己的统治呢？

辕固认为汤武革命不是弑君，是诛一独夫。桀纣失民心变为独夫，汤武顺应民意而诛杀桀纣，并不得已而立为王。汤武虽以武力践天子之位，然其根本原因乃“天下之心”即民意归附于谁。他的反击非常从容、简练而极富有力量：“如果非按你的说法来判断是非，那么汉高祖取代秦朝即天子之位，也不对吗？”

这是一个具有两难推理性质的问题，再这样辩下去，必然会质疑、影响到汉王朝统治的合法性。黄生自然无法招架辕固的诘问，汉景帝也只好亲自出面打圆场，说："吃肉不吃马肝，不算不知肉的美味；谈学问的人不谈商汤、周武王是否受天命继位，不算愚笨。"这才让一场激烈的争论停止下来。而此后，学者们再也无人胆敢争辩商汤、周武王是受天命而立还是放逐桀纣而篡夺君权的问题了。

西汉文帝、景帝时期，尽管黄老之学仍旧盛行并处于鼎盛时期，但儒学影响却日渐加强。辕固的这次朝廷论辩之所以能取得胜利，说明占统治地位的道家跟儒家在某些问题的交锋中已处于下风，而儒家的地位正在逐渐上升，并占有一定的优势。它标志着儒家取代道家地位的日子即将来临，成为后来汉武帝独尊儒术的先兆。

从儒学在汉代的地位影响变化的历史来看，辕固等人推崇儒学不遗余力，这是其中的重要因素。

汉景帝母亲窦太后一生信奉"黄老"学说，《史记》说她"好黄帝、老子言，帝及太子、诸窦不得不读黄帝、老子，尊其术"。窦太后不仅要求汉景帝、景帝太子、窦氏子弟诵读黄老书籍，还喜欢跟书生谈论读书心得。一日，她召来博士辕固，让他谈谈《老子》一书。辕固竟然不给窦太后丝毫面子，当场讥讽"此是家人言耳"，即普通私家之言(与"王官之学"相对)。窦太后听后不由十分恼怒，原来她视作宝贝的经典著作竟然被眼前这个颇有点不知天高地厚的儒生贬得一文不值。她破口大骂："《老子》哪比得上你们所读的那些管制犯人的儒家诗书啊?"窦太后将儒家作品与刑罚、犯人联系在一起，可见其心中极度愤怒和不满，并对儒学充满了挖苦之意。窦太后骂毕，似乎还不解气，便又心生奇怪念头，命令辕固跳进猪圈里刺杀野猪。文弱书生，岂斗得过肉肥膘壮、力量十足的野猪！不敢得罪母亲，又对眼前这位学者深怀同情的汉景帝，只得悄悄借给辕固一把快刀，也许老天相助，处于关键时刻，辕固居然一刀命中要害，刺死野猪，最终只能"太后默然，无以复罪，罢之"。

汉景帝从辕固激辩黄生、抗颜太后这两件事情上，对辕固的为人有了更多的了解。据史书记载，"景帝以固为廉直，拜为清河王太傅"。但几年后，辕固以年老多病为由，辞职归乡，在家专事儒学传授。

此后，汉武帝力图更张，他进一步采纳儒学家的建议，立五经博士，向全国各地征召贤良。90多岁高龄的辕固以贤良身份到了都城长安，他告诫也在这批贤良之中的公孙弘(后官至丞相)说:“公孙先生,你要致力于合乎正道的学说而立言,不可曲解学术,去迎合世俗的爱好。”

后来,辕固因年龄太大,诸儒又对他心存嫉妒,不久便罢归故乡。

以信奉儒学出身的辕固在明知窦太后喜好黄老之学的情况下,仍坚持自己的固有信仰,而不是随机逢迎,哪怕是在太后一怒之下,让他与野猪决斗时,他也不改弦更张;与黄生激辩,其观点也颇有民主的思想火花。在他的朝廷辩论中,我们可以看到荀子“天之生民,非为君也;天之立君,以为民也”的儒学思想传承,可以看到孟子“民为贵,社稷次之,君为轻”以及“闻诛一夫纣矣,未闻弑君也”的儒学思想价值,还可以看到董仲舒“天之生民,非为王也,而立王以为民也,其德足以安乐民者天予之,其恶足以贼害民者天夺之”的儒学思想的合理因素。辕固关注民意、关心“天下之心”,这些都是难能可贵的。

明鉴

心性不坚下场悲

正直的人,有远见的人,应该不说违心违理的话、不做趋炎附势的事以谋取名利,否则即便得到名利,也只是一时荣光,却难逃长久耻辱。学者如此,商者如此,官者如此,概莫能外。

人与政治的关系,是说不清道不明、剪不断理还乱的关系。比如政商关系,能攀上政治因素,自然会得到经商方面的若干便利,迅速获益。但是毕竟冰山难恃,一朝所攀坍塌,财富也会很快归零,自身也难保全。历史上政坛党派林立,裙带如网,最终又如何呢?真能经得起时间考验的,仍然是真心诚意为民谋福者。

普通人群之中,文人与政治尤为难脱关联。文人未必想当政治的传声筒,有时当了也未必是出于真心。但文人常常身不由己地被政治利用,则是不争的事实。那么,靠专业、学问吃饭的人,更应当学学辕固,心性坚定,不羡高位,不惧威权,或许倒反而能够树立自身形象,保得身家性命。

师说

理念满天须守正

今天,我们要防止另一种阿世,那就是曲意迎合某一部分人的口味。这部分人,可能是自己作品的潜在的普通受众,可能是掌握评价话语权的专家学者与领导。

现代管理学之父彼得·德鲁克在一次专访中批评当时的企业界,说:“企业界到现在还没有理解它——企业是什么?”为此,德鲁克举了鞋匠的例子,他说:“他们认为一个企业就应该是一台挣钱的机器。譬如,一家公司造鞋,所有的人都对鞋子没有兴趣,他们认为金钱是真实的,其实,鞋子才是真实的,利润只是结果。”也就是说,也许我们真的太漠视劳动本身了,我们只关心通过劳动可以获得多少金钱,却不太关心劳动本身及其对象的意义。世界上之所以需要鞋匠,是因为有人需要鞋,而不是因为鞋匠需要钱。

在互联网大潮汹涌的今天,从事教育教学的人,都可以从德鲁克的话中得到警示:世界上之所以需要教师,是因为有人需要得到帮助,而不是因为教师需要吃饭。

想想这么多年来,教育教学上的各种改革理念、口号也非常多,举措、“成果”也不少;但是真做到沉静下来,思考教育教学根本问题的人,能有多少?能用大众听得懂的语言表达自己思考的人,能有多少?在这样的氛围里工作,是不是非常需要有德鲁克这样的沉静、清醒、自信和坚持?

所以,无论是谈企业管理的巨人德鲁克,还是传儒家学说的书生辕固,都是认准一条正确的路,不为外物所动,坚定不移地走下去,在自己的领域成为真正的领头人。因此,他们都得到了当世、后世的尊重,都值得我们学习。

“不知进退”,对一个人而言,是一个潜伏了许多危险的行为表现。一事当前,不知道应当前进还是应当后退,就会在言语行动上没有分寸和决断。当人们用“不知进退”评价一个人时,则通常意味着这个人太过进取,已经“吃相难看”了。

因此,宁可坚守正道,也莫朝秦暮楚。

须知：学生可能幼稚，但他终会长大；学生可能刻薄，但他基本公正。

学思

我们也非常提倡“与时俱进”“把握机会”，这与上文所述矛盾吗？期待您的思考与分享！

评价：左思十年而纸贵

嵘品古今诗为评，言其优劣。

——《南史·钟嵘传》

说文

美国作者 J. D. 万斯在其《乡下人的悲歌》一书中，回忆了他小时候在学校里发生的一件往事。他的老师让同学们列出结果能是 30 的数学式子，有几个先列出的是 29+1=30，15+15=30 之类的，他列了个 50−20=30，得到了老师的表扬，因为他是班里第一个用减法得出 30 的人。但是接下来一位同学说，15×2=30——万斯陷入了自卑之中：他根本不知道还有乘法！自己智力太低了！后来是他的外公拯救了他：这只是知识不足而已，与智力无关。

“评价”历来是件难事。我们常常受自己见识见解的拘束，导致评人论事方面出现偏差，自评评人并不准确。无数人在不正确不公正的评价中，丧失信心，虚度光阴，浪费了上天赋予的才华。但西晋时期的左思却作出了自己的应对，写成了令洛阳纸贵的名作。

读典

洛阳纸贵的故事

左思，字太冲，齐国临淄人也。其先齐之公族有左右公子，因为氏焉。家世儒学。父雍，起小吏，以能擢授殿中侍御史。思小学钟、胡书及鼓琴，并不成。雍谓友人曰："思所晓解，不及我少时。"思遂感激勤学，兼善阴阳之术。貌寝，口讷，而辞藻壮丽。不好交游，惟以闲居为事。造《齐都赋》，一年乃成。复欲赋三都，会妹菜入宫，移家京师，乃诣著作郎张载，访岷邛之事。遂构思十年，门庭藩溷，皆著笔纸，偶得一句，即便疏之。自以所见不博，求为秘书郎。及赋成，时人未之重。思自以其作不谢班张，恐以人废言，安定皇甫谧有高誉，思造而示之。谧称善，为其赋序。……陈留卫权又为思赋作《略解》……自是之后，盛重于时，文多不载。司空张华见而叹曰："班张之流也。使读之者尽而有余，久而更新。"于是豪贵之家竞相传写，洛阳为之纸贵。初，陆机入洛，欲为此赋，闻思作之，抚掌而笑，与弟云书曰："此间有伧父，欲作《三都赋》，须其成，当以覆酒甕耳。"及思赋出，机绝叹伏，以为不能加也，遂辍笔焉。

秘书监贾谧请讲《汉书》，谧诛，退居宜春里，专意典籍。齐王冏命为记室督，辞疾，不就。及张方纵暴都邑，举家适冀州。数岁，以疾终。

——节选自《晋书·文苑列传》

解惑

左思，字太冲，齐国临淄(今山东淄博)人。他家世代学习儒学。父亲左雍起于小吏，凭借才能被提拔为殿中侍御史。左思小时候学习钟繇、胡昭的书法，并学弹奏琴器，都没学成。左雍对朋友说："左思通晓、理解的东西，比不上我小时候。"左思于是受到刺激，勤奋向学，并且擅长阴阳之术。他相貌丑陋，口齿笨拙，诗文辞采却壮美华丽。他也不喜欢与人交游，只以闲居为事。

左思作《齐都赋》，用了一年时间才完成。又想作《三都赋》，赶上妹妹左棻被晋武帝征召入宫，左思全家搬到京师，于是拜访著作郎张载，访求四川成都一带的事情。于是用十年时间构思，门旁庭前，篱边厕所，都放着笔和纸，偶得一句，立即记录下来。左思自己认为见闻不够广博，就请求到秘书省担任掌管图书典籍的秘书郎之职。等到赋写成之后，当时人并未给予重视。左思自认为他的赋作比之班固、张衡之作毫不逊色，担心人们因为看不起他这个人而废弃他的作品。安定人皇甫谧有很高的声望，左思前去拜访他，把自己的作品给他看。皇甫谧大为称道，并且替他的赋写了序文。……陈留人卫权又为左思此赋作了《略解》……从此以后，《三都赋》被时人称誉推崇，文章太多，不一一记载。司空张华见到此赋，感叹说："左思是班固、张衡之流的人物，（此赋）能使诵读的人感觉文已尽而意有余，历时越久，越有新意。"于是豪门贵族之家争相传阅抄写，京城洛阳的纸张供不应求，价格大涨。

起初，陆机来到洛阳，打算创作《三都赋》，听说左思正写此赋，拍手而笑，给弟弟陆云写信说："这里有个粗俗鄙陋的人，想作《三都赋》，等他写成了，也只好用那些纸盖酒坛子罢了。"等到左思的赋作传出，陆机赞叹佩服至极，认为自己不能超越（他），于是停笔不写了。

秘书省长官贾谧请他主讲《汉书》，贾谧被诛杀后，左思退居宜春里，专心著述。后齐王司马冏召其为记室督，他没有接受。等到张方肆意暴虐，祸害京都洛阳，左思将全家人搬到冀州。几年后，因病而死。

明鉴

公正科学的评价何其难

这个故事里的左思，在《世说新语》的描述中，因为长得丑，又生逢好男风、重长相的时代，上街时被妇女丢石块，这是凡俗之人给他低评。在家里，他的父亲也不欣赏他，觉得他不如自己小时候多才多艺，这是至亲之人给他低评。在朋友圈里，有点名气的陆机讥嘲他，这是文人同行给他低评。

这让笔者联想到了那些曾经有过的形形色色的纷繁怪异的评价。

如魏晋前后评品任用人才，无论“察举制”还是“九品中正制”，一些名门望族的子孙，都是理所当然含着金钥匙出生的。他们的经济、仕途的起点通常比一般老百姓要高。若非作奸犯科、坐吃山空，只要他们能与普通人同样付出，其收获就绝对远超过普通人。

春秋时期，楚国王宫艺人优孟听说前相国孙叔敖死后，其子过着十分清贫的生活，愿意出面帮助，就穿戴孙叔敖的衣冠，模仿他的音容笑貌去见楚王。楚王即景生情，优孟趁机讲述孙叔敖儿子的现状，楚王深受感动，就重赏孙叔敖的儿子。优孟“乐于助人、善于助人”的义举在历史上被传为佳话，人们既赞赏他的品质，也赞赏他的智慧。依今天的用人标准来看，“老子英雄，儿子未必好汉”，像这样凭着一时机缘就得以超常规提拔赏官，是违背社会公平和用人秩序的。

从个体心理经验而论，我们多数人都有以第一印象评价人的时候。我们能很快通过长相、气质、言行打扮等细节来自以为是地评价人。外表俊美的、干净的，言行落落大方的，我们容易信任些。不仅庸人如此，平时蛮有见识的人也如此。像陆机，文才颇高，见识也不可谓不广，他也难免随时代之风以貌取人。可见公正科学地评价他人，并非易事。限于教师角色的特殊性，教师在评价时尤当慎重，提升修养，磨炼策略与方法，以评价促成学生发展。

师说

应对不公，该学左思

我们如若碰上了对自己不公不利的评价，怎么办呢？语段中左思的应对举措有若干条。

一是客观吸取差评中的合理成分，寻找适合自己发展的那条路。

如果你生命中的重要他人，没能公正地评价你，你该怎么办？答案是：正确对待别人的差评。这个别人可能出于公正的真心，可能出于一己偏见，可能源于个人社会经验的眼光，可能源于恨铁不成钢的激愤……谁能要求别人都是乐于发现的伯乐呢？即便你本人也未必任何时候都能做到公平公正地评价和预测别人。谁又能指望自己一辈子总能遇到伯乐呢？人生有起伏，有贵人相助，有小人使绊，这是人生的常态。所以遇到差评，心态要正常，不必抱怨，不必怀恨，那种“既然你说我不行，我就索性不行给你看”的态度自然更是毫不足取的。

那么何谓正确对待？“你说不行，我偏要行”吗？左思的态度是“感激勤学”，即受到很大触动而感奋而激励自己；左思的行动是“勤学”，从后来他“一年乃成”“十年构思”可以看出他的坚持；左思的收获是“兼善阴阳之术”。

左思做得更正确的地方乃在于他能另辟蹊径，为自己找到合适的舞台。他长相丑陋，口讷，但书面语言却颇能继承汉赋“辞藻壮丽”的遗风。因此，他给自己做了正确的人生定位和可操作能实现的奋斗目标——先写《齐都赋》，后“复欲赋三都”。为此，他有意识地在写作上发掘自己的潜能，还积极主动地对症下药，通过询问、访谈、博览群书来弥补自己见闻不广的不足。在这过程中，他表现得极有自知之明，又极善取长补短。

二是自我激励，勤奋学习，化差评为动力。

左思得知父亲的差评后“感激勤学”，终于修成正果，“我要学”的威力之大可见一斑。“我要学”能激发起“我”的主观能动性，不待扬鞭自奋蹄。“要我学”则不然，孩子觉得自己为父母读书劳苦功高，甚至有的孩子认为是父母怕自己日后成为啃老者才这样逼自己苦学，因此向父母提要求、讲条件就成了理直气壮的事。

怎样激发孩子“我要学”的热情？其实相应的对策早已很多，如激发和保持兴趣、动机，引进及时评价和反馈机制，采取长效激励措施，等等。日本是从小学起就有学烹饪、学做家务的课程的，国家期望通过这样的课程，让孩子学会生活、乐于创造和享受生活。从其经验可以看出，先设法解决学生学习的内驱力问题，而后，教育教学的开展就能势如破竹。

每个人都有可能受到他所认为的不公正的评价和对待，同时又有可能对别人施加他未必自知却对对方伤害颇巨的不公正的评价和对待。明了这一点，会让我们内心平静许多，并增强自我修炼，努力减少甚至消除对他人的不公平的评价。但比之同样重要的，应该是训练好强大的内心，接受不公，慢慢通过自己的努力改变他人对你的不公。

左思的“感激勤奋”，也可以说是源于父亲的差评中透露出的期待和焦虑，他把它转化成了自我奋发的动力。我们所要做的，其实也就是让学生把外在的期待和要求，主动转化成自我奋发的动力，如此而已。

学思

您是否受到过某种单一评价标准的困扰？期待您的思考和分享！

研

教师怎样教学研究

凭君更研究,何啻直千金。

——李山甫《古石砚》

广大教师积极参与科研，是教育科学研究具有生命力的条件和基础。

我们做研究，意在能有一块“自己的园地”，发现和促进自己某一方面的专业爱好；通过研究，让自己保持思想活力；能多多少少进入相关领域，不断接触学科前沿，并拥有发言权。

换言之，教育教学研究并不只有做教育科研课题这一条道。而建基于深厚而持久的一线教育教学经验中，恰是群众性教育研究极宝贵的特点。

在这样的研究状态中，我们会有另外一种成就感。

群众性，并不意味研究本身的低质量和泡沫化。一线教师能站在讲台上，也是接受过正规教育的优秀分子。一线教师只要肯带着研究的态度用心实践，肯秉承思考的路子真实研究，就一定能做出接地气、高质量的研究。

同自然科学、社会科学等领域的研究一样，教育教学研究要求真，真实的研究才能达到以研促教、推动进步的目的。教育教学研究要保持真实性，应做到：一要具有严谨的学术道德和规范，每个从事研究的人都要为研究风气之清正贡献力量，而不是相反。二要有批判精神，敏于发现时弊，勇于解决。三要有创新精神，从生活中找到“研究”之点，从研究内容、研究角度、研究方法等方面锐意创新；研究成果的表述，也应力求语言顺畅、文风质朴。四要保持谦虚态度，多向同行学习，多关注行业外研究动态，永远不要自我满足、故步自封。

求真：裴松之注《三国志》

谨守而勿失，是谓反其真。

——《庄子·秋水》

说文

我国是历史意识较早发达的国度之一。早在先秦时代，即已出现许多重要的历史著作。不仅写史，还随之发展出了对史书写作的评价标准，首要为“信”，即真实。比较出名的坚持写真的史官，当数《左传·襄公二十五年》中记录的太史公兄弟。哥哥如实记载说：“崔杼杀了他的国君。”崔杼杀死了他。他的弟弟接着这样写，因而死了两人。他还有一个弟弟又这样写，崔杼就没敢再杀。南史氏听说太史都死了，拿了照样写好了的竹简前去，听到已经如实记载了，这才回去。

为了史料的真实，写作者往往“以道自任”，把写史看作自己担当社会正义、弘扬道统的一种途径，自觉地秉笔直书，兼善忘私。

后来，我们还发展出修史的传统，新朝为前代修史，目的就在于以史为鉴。

试想，如果史书所载并不真实，或真真假假，它还有什么公信力呢？

但史书仍然难免有讹错之处、难懂之处。因此，为史书作注也成一时之风气。古代许多史书作者以及后世作注之人，都为史书之真付出了自己的勇气和辛劳。

读裴松之的故事，我们就可以体验到这一点。从中，我们也能领会到研究的态度和方法。

读典

裴松之注志例说

《魏略》曰：刘备屯于樊城。是时曹公方定河北，亮知荆州次当受敌，而刘表性缓，不晓军事。亮乃北行见备，备与亮非旧，又以其年少，以诸生意待之。坐集既毕，众宾皆去，而亮独留，备亦不问其所欲言。备性好结毦，时适有人以髦牛尾与备者，备因手自结之。亮乃进曰："明将军当复有远志，但结毦而已邪！"备知亮非常人也，乃投毦而答曰："是何言与！我聊以忘忧耳。"亮遂言曰："将军度刘镇南孰与曹公邪？"备曰："不及。"亮又曰："将军自度何如也？"备曰："亦不如。"曰："今皆不及，而将军之众不过数千人，以此待敌，得无非计乎！"备曰："我亦愁之，当若之何？"亮曰："今荆州非少人也，而著籍者寡，平居发调，则人心不悦；可语镇南，令国中凡有游户，皆使自实，因录以益众可也。"备从其计，故众遂强。备由此知亮有英略，乃以上客礼之。《九州春秋》所言亦如之。

臣松之以为亮表云"先帝不以臣卑鄙，猥自枉屈，三顾臣于草庐之中，谘臣以当世之事"，则非亮先诣备，明矣。虽闻见异辞，各生彼此，然乖背至是，亦良为可怪。

——选自裴松之为《三国志·诸葛亮传》所作的注文

臣前被诏，使采三国异同以注陈寿《国志》。寿书铨叙可观，事多审正。诚游览之苑囿，近世之嘉史。然失在于略，时有所脱漏。臣奉旨寻详，务在周悉，上搜旧闻，傍摭遗逸。按三国虽历年不远，而事关汉、晋，首尾所涉，出入百载，注记纷错，每多舛互。其寿所不载，事宜存录者，则罔不毕取以补其阙。或同说一事而辞有乖杂，或出事本异，疑不能判，并皆抄内以备异闻。若乃纰缪显然，言不附理，则随违矫正以惩其妄。其时事当否及寿之小失，颇以愚意有所论辩。自就撰集，已垂期月。写校始讫，谨封上呈。

——节选自裴松之《上〈三国志注〉表》

解惑

《魏略》说：刘备屯军于樊城。当时曹公（曹操）刚刚平定河北袁绍，诸葛亮暗知荆州是第二个受敌的地方，但刘表性格比较和缓，不通晓军事。诸葛亮于是往北去见刘备。刘备与诸葛亮没有旧交情，又因为诸葛亮年纪比较小，就像接待一般的门客一样地接待他。军内升帐完毕，其他的宾客都走了，只有诸葛亮留了下来，刘备也不问他想要说的。刘备喜好用羽毛编织饰物，当时正好有人把髦牛尾给刘备，刘备自己用手在结。于是诸葛亮进言说："开明的将军应当有远大的志向，您却只是结毦罢了！"刘备于是知道诸葛亮不是一般的人，扔下毦回答说："这是什么话呢，我姑且用它来打发时间罢了。"诸葛亮于是献言说："将军认为刘镇南（刘表）和曹操谁厉害？"刘备回答说："刘表不及。"诸葛亮又问："将军自己呢？"刘备说："我也不如曹公。"诸葛亮说："现在都不及，但将军的军队不过数千人，凭这个来等待敌人，难道就没有办法了吗？"刘备说："我也心烦这个，应该怎么办呢？"诸葛亮说："现在荆州不是总的人口少，而是登记在户的人少，一般的住户都有很苛刻的赋税，于是人们心中不悦；可以和刘表说，让国内没有登记的住户自己登记，这样的话国内人口多了就可以征兵抵御曹兵了。"刘备听从诸葛亮的计谋，于是军队就强多了。刘备由此深知诸葛亮有英才大略，于是以上等宾客之礼待诸葛亮。《九州春秋》上所说的也是这样。

裴松之认为诸葛亮在《出师表》中说："先帝刘备不认为我是一个乡下人，委屈自己,亲自到我的草屋来看我,拿现在天下的大事来和我商量。”那么就不是诸葛亮先去拜见刘备,这是很明白的了。虽然听说和看到的不一样,各有各的说法,然而不一样成现在这个样子,也太让人觉得奇怪了。

裴松之之前得到诏许,让其采集有关三国各种传说或说法的异同,用来为陈寿的《三国志》注释。陈寿权衡记述轻重得当,值得欣赏,史实大多周密而正确。读他的志,确实如同游览苑囿一样感受到丰富优美,他的志是近代史书中的佳作。但缺点在于简略,时常有脱漏的内容。裴松之尊奉皇帝旨意搜寻三国时期的详细资料,务必周到全面,向年代更早的时期搜集旧的传闻,向同时代搜集摘取遗留或散失的材料。考查下来,三国虽然距离现在年头不算久远,但事情关系到之前的两汉和之后的两晋,从头到尾所涉及的时间,出入差异可以达到百年。有关的注释记述纷繁交错,常常有很多彼此矛盾的地方。其中陈寿没有记载而裴松之认为应该保存记录的事情,就无不完全采集选取以弥补他的缺漏;有的同样说一件事却说法不顺、说法杂乱的,有的所说的事情本来就不同,而裴松之怀疑因而不能下判断的,就一起全部抄录,作为不同的见闻放入注中。如果是那些明显错误、言不合理的,就依本志或引证它书,把陈寿的原说矫正过来,也借以警戒那些荒诞不合理的言辞。那些时政大事处理得当与否,以及陈寿在写作中的小的过失,裴松之也根据自己的想法,有很多议论辩驳。从完成编撰形成注记集子至今,已经接近一整月。写作和校对刚刚完成,现恭谨地封好它,呈献给皇上。

明鉴

裴松之(372—451 年),字世期,汉族,河东闻喜(今山西闻喜)人,后移居江南。

从西汉到裴松之生活的南朝宋,经历了六百余年,这一段时期,古代中国从大一统到大分裂,世事反复巨变。风云动荡中,前人也留下了许多值得研究的经验教训。司马迁著《史记》,是为“究天人之际,通古今之变,成一家之言”。陈寿著《三国志》,是私人修史,旨在劝诫后人,“辞多劝诫,朋乎得失,有益风化,虽文艳不若相如,而质直过之”,他的志,当时就得到人们好评。但囿于各种原因,他掌握的魏蜀吴三国史料的丰富程度并不均衡,有些地方所记过于简略,有些地方则被后人认为故意歪曲历史。晋以下一百三十余年,到了南北朝时期,南朝的宋文帝已经发觉了这个不足,于是命中书侍郎裴松之作注。上述语段正是和他作注有关的两个部分。

本来,由于语言文字方面的隔阂,今人阅读前人的著作往往会遇到许多困难。因此,从汉代起,人们即开始了对古书的注解工作。古书注解是阅读古代文献、掌握古代文化知识的桥梁。注的本义是灌注。古代经书多难懂,好像水道阻塞,必须灌注才能疏通,所以把对经文的解释也叫作注。但裴松之为《三国志》作的注,却不同于以往古注。

为什么这样说呢？他的这个注是怎样打造成功的？

语段的第一部分,是裴松之为《三国志·诸葛亮传》所作的一条注文。他首尾完整地原文引用《魏略》中诸葛亮与刘备初识的几段记叙,不加剪裁割裂;又略及《九州春秋》上对这一件事的记叙情况,表明这两本书所叙史实相同。然后,他引用诸葛亮《出师表》中的原话,作为上述史实的又一例证。最后得出结论:不是诸葛亮先见刘备,而是刘备主动三顾茅庐。这条注记产生的特点是,博引各家著作的原文作为论据,作者直陈观点,并且不加讳饰地发表“乖背至是”的议论和“亦良为可怪”的感慨。这一部分,让人感到裴注有血有肉有感情,可读性很强。

语段的第二部分,是裴松之为《三国志》作注的“顶层设计”说明。他的设想,简言之,是增补、注解、纠错。具体来说,一是“务在周悉”,即对有关三国时期的原始材料要努力搜集得周全完备。这一点,是奉旨而为,是他作注的初衷和出发点。二是“补其阙”,即把重点放在史实的增补和考订上,补充原书记载的遗漏;同一事几家记述不同的,他也不是武断地取舍,而是把存疑、矛盾的地方“并皆抄内,以备异闻”。这就使《三国志》中许多失载的历史事实得以保存,对研究三国历史具有重要的参考价值。三是“惩其妄”,即在注解的同时也纠正陈寿的一些错误。陈寿说错了的史实要纠正过来,如诸葛亮先见刘备还是刘备先见诸葛亮,表面看不过是礼节上的小事,可以不拘的;细究起来,却是能美化刘备礼贤下士、虚心请教形象的一个好故事。时政大事(处理)不得当的,陈寿写作中存在问题的,裴注中也要表明态度,作出评议。评史事、人物,是直接表达他对史事的个人认识;评写作,就有总结同期史著优劣的史学批评的意义。事实上,裴认为陈寿将非为一类的人放在一传中,有失体例。他提出并践行了“事类相从”“事义相类”的写史原则,按传主本质异同、行事相类来区分类传。由实践升华为理论,再指导实践,是裴注史学意义在编纂学上的体现。

在叙事描写上,强调通顺合理,注意容貌状写,既反映了魏晋著文讲究人物容止风藻的时代特色,又符合了中国史学讲究形象描写的特色,还体现了裴氏对历史文学的审美要求,即生动形象的描写可使史著更具魅力。这一点同样具有史学意义。

裴注史事可信,史料充分确凿,引用准确丰富,类传划分合理,叙事、描写、议论兼备,个人立场鲜明,不论从文学史还是史学的角度来看都具有很高的价值。从为经作注到为史作注,裴松之有注释体例开创之功。

师说

求真的态度是一切教育研究的起点

不单裴松之作注时鲜明地体现了求真态度,古往今来能在后世引发崇敬、成为里程碑的著述,其作者都有一种求真的态度。可以说,求真的态度是一切学术活动的起点。

西晋时,左思打算为魏蜀吴三都作赋。他反对有些名家作赋时,假称珍奇怪异之事物,把这样做当作是润色文章。在左思看来,这样做,对于赋词来说,是变化其修辞手法,但对于文章的意义(实用价值)来说,却显得虚无而且没有根据。所以,他在创作过程中,凡提及山川城邑的,就会"稽之地图";凡提及鸟兽草木的,就会"验之方志"。为写好这个赋,他曾向到过蜀地的张载请教岷邛之事;又求为秘书郎,以便博览方志群书。因此,《三都赋》在一定程度上反映了三国时期的社会生活状况。左思不仅留下了"洛阳纸贵"这个成语,也奠定了自己在后期大赋作者中的重要地位。

赋本身属于文学样式之一种,原可以有虚构想象的成分,但左思仍然力求真实,值得我们借鉴。

有一位哲人说过,教育的灵魂就是对灵魂的铸造。马克思主义教育学则认为教育是人类社会特有的一种社会现象,是人类特有的一种有意识的活动,是人类社会特有的传递经验的形式。教育是有意识的以影响人的身心发展为目标的社会活动,教育就是生长,其本质是人的发展。也就是说教育的过程就是发挥人的人性、潜能以及潜在价值的过程,教育的本质是让人学会做人——做好人,做文明人,做对社会有用的人。

著名哲学家雅斯贝尔斯在他的《什么是教育》中写道,教育的本质,意味着一棵树摇动一棵树,一朵云推动一朵云,一个灵魂唤醒一个灵魂。卢梭在其名著《爱弥儿》中说过,最好的教育就是无所作为的教育。学生看不到教育的发生,教育却实实在在地影响着他们的心灵,帮助他们发挥了潜能。

教师,无论是直接面对学生,还是在教育机构里间接服务学生,都在实施着对学生或显性或隐性的教育,都在影响着教育的生态系统。项目、课题之类,本来就应该是一种真正解决教育教学方面的真实问题的学术研究。“千教万教教人求真,千学万学学做真人。”求真的态度,是一切教育研究的起点。且从端正态度开始吧!

学思

教育研究之“求真”,与写作过程中“选材”“裁剪”是否矛盾？期待您的思考和分享!

责任：孙樵警书褒驿壁

主道者，使人臣有必言之责，又有不言之责。

——《韩非子》

说文

犯罪学理论中有一词语叫“破窗效应”。此理论认为环境中的不良现象如果被放任存在，会诱使人们仿效，甚至变本加厉。以一幢有少许破窗的建筑为例，如果那些窗户不被修理好，可能将会有破坏者破坏更多的窗户。最终他们甚至会闯入建筑内，如果发现无人居住，也许就在那里定居或者纵火。一面墙，如果出现一些涂鸦没有被清洗掉，很快地，墙上就布满了乱七八糟、不堪入目的东西；一条人行道有些许纸屑，不久后就会有更多垃圾，最终人们会视若理所当然地将垃圾顺手丢弃在地上。

“三不管”处，易陷窘境；无责任心，遂致慵懒怠政。晚唐孙樵早就有过类似的敏感觉察。他的觉察，能给我们的教育研究带来怎样的警示呢？请阅读下文。

读典

痛惜之余书褒驿

褒城驿号天下第一。及得寓目，视其沼，则浅混而茅；视其舟，则离败而胶；庭除甚芜，堂庑甚残，乌睹其所谓宏丽者？

讯于驿吏，则曰："忠穆公曾牧梁州，以褒城控二节度治所，龙节虎旗，驰驿奔轺，以去以来，毂交蹄劘，由是崇侈其驿，以示雄大。盖当时视他驿为壮。且一岁宾至者不下数百辈，苟夕得其庇，饥得其饱，皆暮至朝去，宁有顾惜心耶？至如棹舟，则必折篙破舷碎鹢而后止；渔钓，则必枯泉汩泥尽鱼而后止。至有饲马于轩，宿隼于堂，凡所以污败室庐，糜毁器用。官小者，其下虽气猛，可制；官大者，其下益暴横，难禁。由是日益破碎，不与曩类。某曹八九辈，虽以供馈之隙，一二力治之，其能补数十百人残暴乎？"

语未既，有老甿笑于旁，且曰："举今州县皆驿也。吾闻开元中，天下富蓄，号为理平，踵千里者不裹粮，长子孙者不知兵。今者天下无金革之声，而户口日益破，疆埸无侵削之虞，而垦田日益寡，生民日益困，财力日益竭，其故何哉？凡与天子共治天下者，刺史、县令而已，以其耳目接于民，而政令速于行也。今朝廷命官，既已轻任刺史、县令，而又促数于更易。且刺史、县令，远者三岁一更，近者一二岁再更。故州县之政，苟有不利于民，可以出意革去其甚者，在刺史则曰：'明日我即去，何用如此？'在县令亦曰：'明日我即去，何用如此？'当愁醉醲，当饥饮鲜，囊帛椟金，笑与秩终。"呜呼！州县真驿耶？矧更代之隙，黠吏因缘恣为奸欺，以卖州县者乎！如此，而欲望生民不困,财力不竭,户口不破,垦田不寡,难哉!

予既揖退老甿,条其言,书于褒城驿屋壁。

——选自孙樵《书褒城驿壁》

解惑

褒城驿是秦蜀古栈道褒斜道上一个最负盛名的驿站,《史记·货殖列传》载:“栈道千里,无所不通,唯褒斜绾毂其口。”孙樵笔下的褒城驿始建于唐德宗年间,营建时“崇侈其驿,以示雄大”。褒城驿不仅厅堂庭廊极其宏丽,而且厅外有池沼,可以泛舟,也可垂钓,闲来还可凭栏赏月,景色迷人,堪比建筑华丽、风景幽美的园林。豪华气派的设施以及位于褒斜道重要地段的地理优势,使褒城驿人气很盛,号称全国第一。但在历经五六十年的变迁后,到孙樵亲眼所见时,看其池水,浅浊而长满茅草;看其船只,破碎而搁沉;庭院台阶十分荒芜,堂房廊屋都很残破,哪里看得到它所谓的宏大壮丽呢?

孙樵向管理驿站的官吏询问,他们则说:“忠穆公严震曾担任梁州州牧,因为褒城控制着通往两个节度使治所的要道,各式各样的旌节旗帜来来往往,传递公文的人员骑着马,出差的官吏乘着车,或来或去,车马往来络绎不绝,所以扩大驿馆建筑,以显其雄伟宏大。褒城驿在当时看上去是比其他驿站都壮观。而且一年中到褒城驿站来歇宿的宾客不少于几百人,他们只要夜间得到住宿,饿了能得到饱食,全都是暮来朝去,哪有顾念爱惜之心呢?至于撑船,一定要到篙折、舷破、头碎然后停止;钓鱼,一定要到水干、泥混、鱼尽才肯罢休。甚至还有人在靠窗的长廊或小屋里喂马,把驿馆的中堂作为猎鹰的栖息之所,这些都是房屋污损、器物毁坏的原因。遇上职位低的官吏,其随从虽然气性猛烈,还可以制服;遇上职位高的官吏,其随从则更加凶暴蛮横,难于阻止。因此褒城驿日见破损,与以前大不相同。我们八九人,虽然也曾在供给来往者膳食的余暇,用一小部分时间尽力修缮,但又怎能补救几十几百人的破坏呢?”

管理驿站的官吏的话还没有讲完,有个老农在旁笑了,并说:“现在所有的州县都像驿站一样。我听说唐玄宗开元年间,天下财物丰富,人口众多,号称太平,行走千里的人不用携带粮食,有了子孙的人还不知道兵器为何物。现在天下无战争,但有户籍的居民却一天天减少，边境没有被侵占遭蚕食的忧患，但开垦的荒地日益减少，百姓生活日益穷苦，国家财力日益困难，这是什么原因呢？凡和皇帝一起治理天下的，是那些刺史、县令，他们直接了解人民的生活，因而便于贯彻政令。现在政府委派官吏，既已轻率任命刺史、县令，而且又在短时内一再更换。况且刺史、县令的任期，时间长的三年更换一次，时间短的一两年内更换两次。因此州县的政务，如有不利于百姓之处，应该可以出主意改掉那些严重的情况，但在任的刺史则说：'明日我即离职，何必如此？'在任的县令也说：'明日我即卸任，何必如此？'他们在愁闷的时候就喝浓烈的美酒，在饥饿的时候就吃精美的肉食，只等囊中放满了绸缎，柜中装足了金银，任期结束就志得意满地离去。"唉！州县难道果真是驿站吗？况且当新旧官员交替之时，狡猾的胥吏乘机放肆地做奸恶欺诈的事，以欺骗州县呢！像这样下去，而想希望百姓生活不穷苦，国家财力不困难，有户籍的居民不减少，开垦的土地不缺乏，难啊！

孙樵送走老农之后，把他的话整理了一下，写在褒城驿的屋壁上。

明鉴

公家驿站为什么容易颓败？

从语段的叙述描写之中，我们能感受到俗话"公家东西不经用"所言无误，体会到"知屋漏者在宇下"的深层原因。制度设计有先天不足的话，极易导致责任分散；接地调研才能察知真相，找准根源；行业中的每一个人都要珍惜羽毛，这个行业才能可持续运转和发展。虽然作者并没有直接出面议论，而胸中的不平波澜全寓其中。托人之口，煞有介事，寓议于叙，不露痕迹，隐微而显，耐人寻味，这正是本文立意高远、主旨深邃、构思精巧之所在。

显然，作为一名有历史责任感的封建士大夫，一位有良知、正直的史学家，孙樵借在褒城驿的所见所闻，由褒城驿自宏大而残破的事实，抒发的是极其沉重的感慨。他由一驿的荒凉残破，联系到普天下的吏治腐败及凋敝，"举今州县皆驿也"，慨叹朝廷官制的不善和任用非人，透露出对整个唐王朝统治下吏治败坏和国家日益走向衰弱、衰亡的深切痛心。

由此,笔者联想到另一所古代著名驿站——盂城驿。“盂城”得名于北宋时期文学家秦观(字少游)诗作中“吾乡如覆盂,地处扬楚脊”的譬喻。秦少游根据家乡高邮城的地势特点,以“覆盂”作喻,“盂城”即由此得名而来。与褒城驿遗址仅存几株松柏不同的是,据考证,如今的盂城驿是全国目前保存最为完好、规模最大的古代驿站,该驿站的前身是秦始皇时期“筑高台置邮亭”,几经战火焚毁,现建筑建于明代洪武八年(1375 年),占地 2 100 平方米,是一个十分完整、功能齐全的建筑群,也是京杭大运河旁边一处重要的水马驿站。

盂城驿一直是以“传递政令,飞报军情”为主要功能的,同时也是接待官吏、云集商贾、疏散货物的地方。邮驿是“国之血脉”,明代开国皇帝朱元璋高度重视邮驿,即位 23 天,便定驿律,且践行极严、极实。参观盂城驿,从展出的相关书籍资料中,我们可见朱元璋治驿的严明。正因为如此,早期包括盂城驿在内的驿站才呈现“驿递清乐,而里甲不忧”的景象。

盂城驿现存的旧址遗存、文物、图片、表册等显示了严格执法时邮驿的恢宏,但是,与褒城驿命运相同的是,盂城驿也躲不过贪官污吏的骚扰与掠夺。同样是现存的相关史料,也展示了治邮松弛、官吏扰民害民的弊端。明代中叶以后,过往驿使、官员违例用驿者愈来愈多,愈演愈烈,以致邮驿弊端被称为“普天之下,极苦极累,为民间第一”的大祸害。据《驿志》记载,经常有大小官吏利用职权向驿站强行推销茶叶、盐等。在盂城,有文士撰文形容:盂城驿的接官亭,这个傍水而建、用于当官的舍舟换轿的地方,常常是一条河水在阳光下化作了金,化作了银,而在贪官横行的年代,河水却化作了呜咽,悲悲戚戚地缓慢地向前流淌——这实际上也是当地百姓的心声。

盂城驿和褒城驿一样,见证了整个封建时代的兴与衰。“无可奈何花落去”,如今,驿站早已成为历史,历代建立的驿站数以万计,但绝大多数已经荡然无存。无论封建士大夫孙樵怎样痛心于时政的腐败,他是终究不能挽回晚唐走向衰败的历史车轮的,他无法避免他所面临的悲剧性社会和历史!

盂城驿和褒城驿一样,其渐变颓败的过程和原因有着内在一致性。每个人只是这趋近颓败的链条上的一个微小环节,最先不珍惜的那个人也许早已在驿站破败之前作古,后面的若干承受了驿站破败之苦的人也许会觉得自己无辜,延续下去,最终使好好的东西毁坏到无法再用。

师说

研究风气为何不那么正？

历史上、现实中，这样的人人有责而又人人无责的复杂局面一再出现，令人扼腕。

一个人小有名气之后，从起初偶尔敷衍文责，到自己来不及写就让手下、学生、徒弟之中稍微能写的人代笔，到后来自己完全失去研究和写作的能力，到读者看到是他的署名就弃之如敝屣，也并不需要多长的时间。这样的人多了，教育论文就成了自娱自乐，自言自语。

教育叙事、学科小品、论文写作、课题研究、项目实践，都是研究。研究的本来目的是什么？是帮补实践、促进实践，是寻找规律、提升效率，得名得利只是它的附带结果。但如果冲着名利之心来做“研究”，就难免急功近利，趋附权威，结果“研究”就离真问题、真方法、真解决路径越来越远。

有的研究，只筛查和选择符合自己结论的论据，凡不符合的，都剔除出去。是研究者“初心”如此，还是他不知道自己的方法里存在问题？

有的研究，内容上靠西方各大教育家、心理学家的理论和各种新奇的名词术语、新概念来唬人，形式上靠一个个来路可疑的图表编排来显示“严谨”“有依据”，标题靠有英文单词缩写的某个名词来突显其“国际视野”……没有实质内容，徒费纸张和读者时间。

这么多年来，教育教学上的各种改革理念、口号也非常多，举措、成果也不少；但是真做到沉静下来，思考教育教学根本的，有多少？能用大众听得懂的语言，表达自己所思所想的，又有多少？

扩展开来，一旦整个教育圈内研究之风颓败，正气不张，则研究者及研究论文写作者还怎么能够有公信力？作品还怎么能有感染人心的力量呢？

所以，文风不正皆有责。休言“大家都如此”，休说“不是我独然”，休想“也许能侥幸”，浮躁有时终有尽，原创虽苦乐其中。

古希腊有一个寓言：有个青年猎人，他从父辈那儿继承了一张绝世良弓，用它打猎引起了一些人的嫉妒。于是有人对他说：“兄弟，你这张弓看起来多平常啊！应该在上面刻一些花纹、人物什么的，再涂上一层金粉，光亮亮的，那才跟你这个好猎手相称呢！”年轻的猎人动了心，果然进城去请了工匠在弓上大大地镂刻了一番。第二天，他兴致勃勃地拿着弓去打猎，一拉弓弦，“啪”的一声，弓断了。

这个故事告诉我们：一方面，文风当如弓朴劲，花花架子要不得；另一方面，要能够在外显的看似炫目的名利诱惑面前保持清醒的头脑，牢记研究应有的无邪初衷，牢记改进教育教学、提升自我能力的目标，坚持正确的观念，如此才能发挥研究潜质，写出有价值的文章，做出有价值的研究。

细读孙樵的《书褒城驿壁》，我们不能不佩服他察表知理、了悟世事的敏锐，也能体会他为江山社稷担心的那份忠诚，还从中感受到必须端正研究态度，严谨研究之风，以责任心筑一道“心理防线”，在教育科研的链条里，成为结实有用的一个环节。

学思

您每年的年终小结是怎么出炉的？期待您的思考和分享！

创新：黄庭坚答洪驹父

苟日新，日日新，又日新。

——《礼记·大学》

说文

我国第一部诗歌总集《诗经》，内容上分为风、雅、颂三个部分。其中“风”是以反映社会现实为主的，而社会现实，很多时候又主要指时代弊端。

在我国文学史上，有一些天资聪明的文人，其创作内容多为吟风弄月、应酬附和之作，艺术价值不低，社会价值却不高。

如果同一个时代的文人，大多数都不写反映现实的作品，一定是这个时代的风气使然。他们要么没看到现实，要么看到了却不敢说、不想说、不善说。在这方面，我们不必苛责古代文人。

但是研究则另有一种标准，不可执此假装无视现实、不敢直陈时弊的心态，而应以问题解决为指向，敢破敢立，推陈出新。

读典

黄庭坚戒止好骂

驹父外甥教授：别来三岁，未尝不思念。闲居绝不与人事相接，故不能作书，虽晋城亦未曾作书也。专人来，得手书。审在官不废讲学，眠食安胜，诸稚子长茂，慰喜无量。

寄诗语意老重，数过读，不能去手；继以叹息，少加意读书，古人不难到也。诸文亦皆好，但少古人绳墨耳，可更熟读司马子长、韩退之文章。凡作一文，皆须有宗有趣，始终关键，有开有阖。如四渎虽纳百川，或汇而为广泽，汪洋千里，要自发源注海耳。老夫绍圣以前，不知作文章斧斤，取旧所作读之，皆可笑。绍圣以后，始知作文章。但以老病惰懒，不能下笔也。外甥勉之，为我雪耻。

《骂犬文》虽雄奇，然不作可也。东坡文章妙天下，其短处在好骂，慎勿袭其轨也。甚恨不得相见，极论诗与文章之善病，临书不能万一。千万强学自爱，少饮酒为佳。

所寄《释权》一篇，词笔纵横，极见日新之效。更须治经，深其渊源，乃可到古人耳。《青琐》祭文，语意甚工，但用字时有未安处。自作语最难，老杜作诗，退之作文，无一字无来处。盖后人读书少，故谓韩、杜自作此语耳。古之能为文章者，真能陶冶万物，虽取古人之陈言入于翰墨，如灵丹一粒，点铁成金也。

文章最为儒者末事，然索学之，又不可不知其曲折，幸熟思之。至于推之使高，如泰山之崇崛，如垂天之云；作之使雄壮，如沧江八月之涛，海运吞舟之鱼。又不可守绳墨令俭陋也。

——选自黄庭坚《答洪驹父书》

解惑

驹父外甥教授：分别已有三年，十分想念。我自避人独居以来根本不与外界接触，所以不能写信，即使晋城，我也不曾给他写过信。你派专人来，使我得以看到你的亲笔信，知道你身为学官而并未荒废讲学，睡眠和饮食安好，几个小孩子也茁壮成长，深感快慰。

你寄来的几首诗意蕴深厚，读过数遍，不能释手；继而感叹，若稍微留意读书，古人文章的境界是不难达到的。几篇文章也都好，但缺少古人的章法，可进一步熟读司马迁和韩愈的文章。但凡作文，一定要有主旨和趣味，自始至终的关键是要放得开又收得拢。就好比长江、黄河、淮河和济水四条大河，虽然容纳百川，或汇聚众水而成为广大的湖泊，汪洋千里，但总归要从源头开始然后才流向大海的。我在绍圣年间以前，不懂写文章的方法，拿旧作来读，感到都很可笑。绍圣年间以后，才知道如何作文，但因为年老多病且生性懒惰，故不能下笔。外甥你可要好好努力，替我一雪前耻。

《骂犬文》一文，虽然雄伟奇特，然此类文章不作也好。苏东坡的文章妙绝天下，然而其缺点在于喜好指责时弊，千万不要效仿他的做法。我很遗憾不能与你相见，当面尽情讨论诗文的好坏，而在信上是不能道其万一的。你一定要勤勉学习，爱护自己，少喝酒为好。

你寄送的《释权》这篇文章，文笔奔放自如，很能表现出你的确是日日有所长进。然而更应研读经典，使自己的根基更加深厚，唯此才可以追上古人。《青琐》这篇祭文，构思精巧，但用字还有不妥帖之处。写文章自己遣词造句最难，杜甫作诗，韩愈作文，没有一个字没有出处。只是因为后人读书少，所以就以为是韩愈、杜甫自己写出这样的句子罢了。古代能写文章的人，都是能够真正地熔铸万物于一炉，即使引用古人的语句用于自己的文中，也都如一粒灵丹，有化腐朽为神奇之功效。

对于尊崇儒学的人来说，写文章实在是最小的事了，然而既然要探求写文章的方法，就不可不了解其中的曲折奥妙，希望你能仔细思考这个问题。至于要使文章高妙，如巍然崛起的泰山，似自天上垂挂下来的云彩；倘若要使文章气势雄壮，如八月大江上的波涛，似海动时能吞没大船的巨鲸，那就不可死守所谓的规矩，令文章浅陋了。

明鉴

黄庭坚的创作成长路径

黄庭坚(1045—1105年),字鲁直,号山谷道人,晚号涪翁,洪州分宁(今江西修水)人。北宋诗人、词人、书法家。

语段是黄庭坚59岁时,写给外甥洪驹父的信。尽管是给自己外甥写信,黄庭坚也是谦虚谨慎的。他说自己绍圣之前不懂写作,之后虽懂却又不能下笔。

从信中,我们不难看出他的创作审美倾向。一是欣赏"语意老重",为此他十分推重司马迁、韩愈的作品,并且指出通过"治经,深其渊源",可以渐渐学习到古人章法,达到古人的创作境界。二是认为写作应当"有宗有趣"。这里的"宗",解为宗旨、主旨,这就要求文章在结构上应当"始终关键,有开有阖",否则结构太散难以收拢,就让人不知所云;也不妨解为"尊奉""效法",比如,在语言上要学习杜甫、韩愈"无一字无来处",要像古时能写的人那样,"取古人之陈言入于翰墨"而又能"如灵丹一粒,点铁成金"。三是写作的进阶路线,是先摹追古人,再超越古人。固"守绳墨"的话,只能"令俭陋",使得作品始终处于浅陋无华的境地。也就是说,在学习写作的入门阶段要把学习古人的法度作为学习写作的前提。当写作逐渐成熟以后,便可不受成法的约束,随心所欲,这样才能探索创新,达到较高的境界。因此,"守绳墨"的最终目的还是为了"不守绳墨"。

饶宗颐先生曾这样评价黄庭坚的创作成长路径,他说:"此即欲人最后摆脱绳墨,自立规模,由有意为诗,至于无意为诗;由依傍门户以至含茹古今,包涵元气。诗至此已进另一崭新敻绝之境。诗人者,孰肯寄人篱下而终以某家自限乎?又孰肯弊弊焉不能纵吾意之所如,以戛戛独造以证契自然高妙之境乎?此山谷表揭杜诗、韩文之深意也。"

黄庭坚针对洪驹父的创作,在肯定文学创作要"有宗有趣"的前提下,侧重从形式方面进行探讨。他强调要学习前人"陶冶万物"的功力,主张多读融古,并概括为"点铁成金"的法度。黄庭坚是盛极一时的江西诗派的开山之祖,他的上述创作观点,对于创作者而言,至今仍有指导意义。

创作研究异处多

然而，教育教学研究不同于文学创作。

一是在事实、规范、标准方面不同。

首先，研究需要尊重事实，不能有半点虚构、夸大或回避。其次，研究工具和方法的使用必须符合研究目标和学术规范，不能主观、率性。比如，有人质疑“文献法”，认为它只是一种真正开始研究之前的预备步骤，本身不能作为一种研究的方法，笔者对此议比较赞同。再如，采用“调查法”，且并非“个案研究”，则如果样本数量太少，就不足以支撑研究结论。再次，研究过程应当严谨、完整，不能行为粗放，思维跳跃。哪怕是引用文献这样的事，也应该用规范格式标明出处。表述研究结果时，如果是课题项目之类，要按标准格式、标准用语、标准语体，规范填写，不能忽略格式、自造新词、采用文学性语体。

此外，推广和运用研究成果时，行动目标应该要利于让更多人更好地理解、接受成果，相应地，行动方式可以变为各种活泼的创新的方式。

二是在对待问题的初心上不同。

比较有意思的是，黄庭坚提醒外甥不要写作“骂文”，不要指责时弊，尽管这类文章能写得雄伟奇特。能看到时弊，足以说明眼光敏锐。此时为弊，而当初未必是“弊”；或此时还不算是“弊”，但发展下去，一定会成为“弊”；或早就是“弊”，却一直顽固存在着，成了“积弊”，以致于人们没有信心和勇气去正视它了，这样一来，倒好像它不再是“弊”，而成了合理的存在了。因此，人们常常囿于识见，拘于成规，看不到时弊。或者能觉察到不对，却归因错误。一个人能准确看出时弊，表明他能看清一件事表象背后的真相，能推演出一件事的过去、现在、未来，那么，他一定是人群中的佼佼者。

“时弊”者，当时社会的弊病也。既然是社会的弊病，必定会累及千家万户。能大胆说出时弊，足以证明心地纯良，有社会责任感，有公共道德心。有些人并不是没看见时弊，也不是不知道根源，但出于“事不关己”的人生哲学，或根子正在自己身上，他便采取无视、不说的态度。

当社会指责学校德育成效不高的时候；当管理者要求师资培训者做好供给侧改革，以期教师们欣然接受和参与培训的时候；当老师希望学生精神饱满地出现在课堂上并且积极主动地投身学习的时候……可曾找准各问题背后真正的影响因素？可曾针对真正的影响因素采取相应的对策？这都考验着人们针对“时弊”的态度。

但是，对时弊止步于采用“骂”的对策，却不足取。这也正是文学创作与科学研究的又一重大不同之处。

有人说，一般人的世界里有三个词，叫立场、感受、意见，即站在一定的立场结合自己的感受来发表一定的意见；而另一种人的世界里也有三个词，叫目标、方法、行动，即根据自己的真实目标，利用自己掌握的知识和方法，用行动来为这个目标框架添砖加瓦，以期达成目标。立场、感受、意见是铺垫，目标、方法、行动是升华。有了前者，就需要迅速切换到后者。“骂”算是表明立场、感受、意见，但无补于改变事实、促使进步；还需要紧扣目标，用科学有效的方法，坚忍不拔地行动。

师说

“研究”天然具有问题解决指向

任何研究，都天然具有问题解决指向，都需要努力发现和解决现实中的问题，哪怕只是发现一个有价值的问题，也会对其他研究同行有极好的启发作用。问题解决指向，是研究的意义所在。

回到我们的本行，教育时弊甚多。择校热高烧难退，学区房贵得离谱；标榜“培优补差”实则刷题为要的辅导机构难禁难管；公办学校生源质量下降、数量减少；学校担心出现意外伤害事故，不敢组织学生活动；教师工作负担重，心理压力大，报酬获得感低……教育是一个系统工程，单靠教育自身难以解决这些时弊，遑论普通一线教师！我们无须夸大自己的能力和影响，承揽力不能及的责任；更不能忽视学生成长过程中，其家庭、同伴、偶像、自身以及社会等综合因素的共同作用。

我们无力解决时弊，却可以找准并解决职责、能力范围以内的事。

教师信息化素养不足，信息化思维品质有待提高，怎么办？当课堂教学日益关注深度学习的时候，教师如何以创新方式向学生传递丰富的核心内容？当项目式学习、挑战性学习及其他类似的能够促进学生主动学习的形式出现的时候，如何更加以学生为中心去创新地组织教学？如何使用学习测量来获取个性化学习经验、实行持续的形成性学习评价和绩效评估？如何为学生创造真实性学习？如何培养学生复合性思维能力？——这些是我们能够在教育内部甚至靠教师个体回答的问题。

拿被寄予“兴教”厚望的教育科研来说，无论是写作文章或论文，也无论是做课题或做项目，其最终目标都是要发现和解决问题，促进教育教学进一步完善。如果能敏锐发现并准确、概括、精练地表述出一个现实存在的问题，你就已经达成了一部分研究目标，甚至不妨说，你已经对教育教学作出了自己的一份贡献。

比如，与教师密切相关的源于教育教学的诸多微问题。且以语文学科为例，它可以小到如某一篇课文的解读，某一张高考卷中某一道题的问与答，某一作文题班级同学的共性问题和个性问题及其背后的时代因素，甚至某一个字词的解释，某一个标点的作用，它们都值得研究。再举两个其他学科的例子。有位老师感到中心城区学校面积小，而上海阴雨天多，那么可以研究一下如何通过多开展室内体育课的方式，保证学生充分的体能锻炼和技能学习。有位老师发现幼儿园小朋友绘画时空间概念缺乏，于是想到由田字格绘画训练入手，来增强幼儿纸面空间意识，实现写字适应准备的幼小衔接。那么，设计哪些田字格绘画呢？怎么安排训练顺序呢？如何检测效果呢？这些发现和求索，就成了他们课题研究的内容。这些小的问题能被切实解决的话，对于学生而言，就是一份幸运、一种福祉。

教育科研无论是长周期的大课题，还是短周期的微课题，只要能找准一个真实问题，开对一个有效的可操作、可追踪的方子，就是一个好的研究。反之，则是伪命题下的伪研究。

指出黄庭坚《答洪驹父书》中的创作思想与当下教育教学科研的不同之处，并不是否定他的创作思想，而是想善意提醒一些人：事实、标准、规范、问题解决指向，是我们做教育科研应当牢记的四个关键词。唯此，我们才能发现真问题，践行真科研，解决真问题。

学思

您做过哪些教育教学研究？您对其满意吗？

谦逊：李魁吾落败尼僧

念高危，则思谦冲以自牧；惧满溢，则思江海下百川。

——魏徵

说文

“鄙视链”是指一种自我感觉良好而瞧不起他人的现象。在未有这个词之前，这种心理现象其实一直都存在。三国时魏文帝曹丕就在《典论·论文》中说“文人相轻，自古而然”。此外，还有“同行相轻”“艺人相贱”等词语。它们共同反映出人际关系中自我评估甚高，而评估他人则甚低的现象的广泛性。“满瓶不动半瓶摇”“夜郎自大”“目空余子”“傲世轻物”等词语则是对这类现象的批评和讽刺。

习武之人行走江湖，焉知他人必不如己？人外有人，山外有山，天外有天。高估自己、轻看别人，又老想着比试比试，那么，后果轻者不过影响人际关系，重者也许就祸及自身了。下面选段中的主角李超，就吃过这苦头。

学习之人如果有类似心态，躺在功劳簿上，靠着翻老皇历，生活在自造的虚幻的昔日荣光之中，就难再有进步。

读典

轻看对手，蹶仆不起

李超，字魁吾，淄之西鄙人，豪爽好施。偶一僧来托钵，李饱啖之。僧甚感荷，乃曰："吾少林出也。有薄技，请以相授。"李喜，馆之客舍，丰其给，旦夕从学。三月，艺颇精，意得甚。僧问："汝益乎？"曰："益矣。师所能者，我已尽能之。"僧笑，命李试其技。李乃解衣唾手，如猿飞，如鸟落，腾跃移时，诩诩然骄人而立。僧又笑曰："可矣。子既尽吾能，请一角低昂。"李忻然，即各交臂作势。既而支撑格拒，李时时蹈僧瑕，僧忽一脚飞掷，李已仰跌丈余。僧抚掌曰："子尚未尽吾能也。"李以掌致地，惭沮请教。又数日，僧辞去。

李由此以武名，遨游南北，罔有其对。偶适历下，见一少年尼僧，弄艺于场，观者填溢。尼告众客曰："颠倒一身，殊大冷落。有好事者，不妨下场一扑为戏。"如是三言。众相顾，迄无应者。李在侧，不觉技痒，意气而进。尼便笑与合掌。才一交手，尼便呵止，曰："此少林宗派也。"即问："尊师何人？"李初不言，尼故诘之，乃以僧告。尼拱手曰："憨和尚汝师耶？若尔，不必交手足，愿拜下风。"李请之再四，尼不可。众怂恿之，尼乃曰："既是憨师弟子，同是个中人，无妨一戏。但两相会意可耳。"李诺之。然以其文弱故，易之。又年少喜胜，思欲败之，以要一日之名。方颉颃间，尼即遽止。李问其故，但笑不言。李以为怯，固请再角。尼乃起。少间，李腾一踝去，尼骈五指下削其股，李觉膝下如中刀斧，蹶仆不能起。尼笑谢曰："孟浪迕客，幸勿罪！"李舁归，月余始愈。后年余，僧复来，为述往事。僧惊曰："汝大卤莽！惹他何为？幸先以我名告之,不然,股已断矣!"

——选自蒲松龄《聊斋志异·武技》

解惑

艺无止境,天外有天

《武技》是一篇富有深刻意义的寓言体小说。文中李超性格豪爽,好施舍,偶有一天,少林寺的一位和尚前来化缘,李超让他吃饱喝足。和尚见他侠义心肠,出于感谢心理,有心向他传授武艺,然而,李超在学了一点武术后便飘飘然,自以为学得了师傅的全部技艺,从此可以天下无敌。和尚看到李超不知天高地厚,便有心教育提醒他,于是跟李超比试时,故意卖个破绽,结果将李超一下子踢出丈余。师傅严肃地点拨:"你还没有学到我所有的本领啊!"意在教育李超不要轻狂,李超用手扶地惭愧地向和尚请教。

骄傲大概是李超生来的习性,师傅离开后,李超并没有接受教训,而是从此凭仅有的武技走遍南北。他盲目陶醉,到处炫耀,自诩天下难敌。

偶然的历下之行,让李超有了刻骨铭心的惨败经历。他看见一个少年尼僧在场上耍弄武艺,观看的人越来越多,自认为绝技在身的李超跃跃欲试。他根本就瞧不起眼前文弱的卖艺尼僧,也许是看对方年轻,又是个女子。根据这个尼僧的外在标签,动用了庸人看人的刻板印象,以为自己一定能轻取对方,于是一心逞强,想打败尼僧以给自己博得一个好名声。哪想到,武艺高强、声色不露的尼僧用手指轻轻一削,李超便"蹶仆不能起",连股骨也差点被削断。原来,尼僧是看李超师傅的面子,才出手有所保留,否则,李超的结局将会更加悲惨。根据标签看人,注定是幼稚的、非理性的,也注定是要犯错的。

李超是学武的,他的所言所行正应了那句"骄兵必败"的箴言。故事中的李超无疑是浅陋可笑的,世间不管是学文、学理,还是学武,都应记取一个相同的道理:艺无止境,天外有天。借李超的故事,提醒世人明了这个道理,或许正是蒲松龄的用意所在。

明鉴

有这样一部作品，从它创作之初便有人开始广为传抄，成书之后流传更加广泛，19世纪中叶传播到国外，更是赢得了外国文学爱好者的喜爱，目前这一作品已有英、法、德、日等20多个语种的译本。这部作品便是清代著名小说家蒲松龄的代表作《聊斋志异》。

《聊斋志异》是一本内容取材和写作笔法都很有特色的文言短篇小说集，取材广泛，多数作品通过幻想的形式谈狐说鬼。其中，既有对如漆墨黑的社会现实的不满，又有对怀才不遇、仕途难攀的不平；既有对贪官污吏狼狈为奸的鞭笞，又有对勇于反抗、敢于复仇的平民的称赞；而数量最多、描写最为美丽动人的是那些人与狐妖、人与鬼神以及人与人之间的纯真爱情的篇章。《聊斋志异》问世三百年来，作为中国古典小说的珍品，在民间广为传播，历久不衰。

《聊斋志异》的突出成就在于，其作品虽显荒诞，但内容深深地扎根于现实生活的土壤之中，并曲折地反映了蒲松龄所生活的时代的社会矛盾和人民的思想愿望，熔铸进了作家对生活的独特感受和认识。蒲松龄在《聊斋自志》中说："集腋为裘，妄续《幽冥》之录；浮白载笔，仅成《孤愤》之书。寄托如此，亦足悲矣！"由此可见，在这部小说集中，作者是寄托了他从现实生活中产生的深沉的孤愤的。

《聊斋志异》的思想主题、文学形象都博大精深。基于此，我们阅读《聊斋志异》，不能只把它当作一本消愁解闷的书来读，而应该深入地去体会作者寄寓其中的爱和恨，以及产生这些思想感情的现实生活和深刻的历史内容。中国现代文学史上的两位文坛大家对蒲松龄及其所著《聊斋志异》都评价甚高。鲁迅曾在他的《中国小说史略》中称誉蒲松龄的《聊斋志异》一书是小说"专集之最有名者"；郭沫若在为蒲松龄故居题联时，也盛赞蒲松龄及其《聊斋志异》"写鬼写妖高人一等，刺贪刺虐入骨三分"。

《聊斋志异》是一部主题思想深邃、艺术手法精巧的小说集。但是，由于历史的局限性，这部作品在表现进步思想内容的同时，也夹杂着一些落后的成分，如鬼神迷信和因果报应思想，追求功名利禄的庸俗倾向等。这是我们阅读时应注意分析批判的。

选段中的李超看低别人的实质是把自己看得太高。谁都可能会犯错，有时也真是出于无心而造成了对别人的伤害。我们非常有必要常常提醒自己：艺无止境，天外有天。而且，我们应该要有纠错的心胸和勇气。

师说

研究过去，为的是指向未来

如果说教师职业是一个孤独的职业，那这句话同时也意味着如果善于研究、勤于实践的话，自我精进的空间比较大。

我们常常花很多精力对过去实践中的经验教训作梳理和研究，可惜，有时目光和脚步也同时停留在了过去，这就容易故步自封。比如，教学小说体裁的文章时，同样的课文，每教一次，都勤勉有加地对教学设计作修改，花心思耕耘好自己的那一亩三分地。但是始终只用旧的小说理论，在"情节""人物""环境""主旨"诸方面下功夫，教学设计改来改去，学生收获未必有大的改进。

上海市语文教研员孙忠良，有感于语文同行教学《项链》一文时囿于旧的小说理论所造成的理解困境，撰文提出，"我们在阅读外国文学作品时，首先应当尽最大可能从自己的文化中走出来，从人的本质去理解对方"，这样才能"抛开所有内设的价值标准，从根本上和作品产生共鸣"，此外还要"了解相关民族的文化背景，站在理解对象的立场，用他们自身的文化去解释他们的作品"。

研究过去，为的是指向未来。

复旦附中的语文特级教师黄荣华，"在不断地比照自己的课堂、比照同事的课堂、比照中外课堂，听取走向大学、走向社会的学生的反馈意见后，明白了一个道理：以单篇文章学习构建课堂的教学是一种只见树木不见森林的教学，以知识点（考试点）学习构建课堂的教学更是一种只见枝叶不见树木的教学，这样的教学与人类认知、理解、发现、创造的心理背道而驰"。于是，他"坚持并倡导以生命体验的方式开展'单元贯通'教学"；"尽可能打通文章与文章之间、单元与单元之间的壁垒，帮助学生建立'联系'而不'孤立'、'变化'而不'静止'的认知、理解世界的方式，进而形成不断发现、勇于创造的文化心理"。黄老师由此开创了独具特色的"单元贯通"教学思路。

诺贝尔奖获得者罗宾·沃伦引用过夏洛克·福尔摩斯的这样一句话，“没有什么比一个显而易见的事实更具有欺骗性”。罗宾·沃伦因为发现了细菌可以在胃里存活，从而发现了幽门螺杆菌。在他之前的104年的时间里，数以万计的科学家们看过一张张完美的幽门螺杆菌的照片，但他们只是“看过”，却并没有“看到”。“科学家们只看到他们预料中的事物，而看不到真实存在的事物”，因此非常遗憾地与幽门螺杆菌擦肩而过。

研究过去，如果不放下自己的身份，不时时主动对自己的辉煌历史作清零处理，就难有创新之见识和举动。比起选文中的李超，就不过是五十步与一百步的微小区别而已。

《庄子·秋水》中描述了河伯的一段心路历程。当秋天里洪水按时到来，千百条江河注入黄河，直流的水畅通无阻，两岸和水中沙洲之间连牛马都不能分辨的时候，河伯高兴了，认为天下一切美景全都聚集在自己这里。当他顺着水流向东而去，来到北海边，面朝东边一望，怎么也看不见大海的尽头时，他变了表情，面对海神若，仰首慨叹道：“有句俗话说，‘听到了许多道理，就以为没有人比得上自己’，说的就是我这样的人了。况且我曾听说有人认为孔子的见闻浅陋，伯夷的道义微不足道，开始我还不相信；如今我看见您的广阔无边。如果不是来到您的家门前，那就危险了，我将永远被懂得大道理的人耻笑。”

河伯慨叹得太有道理了。

研究的心态，就应该是既谦逊（甚至谦卑）又开放且不断进取的心态。

学思

在职业生涯中，您有无“看过”却没“看到”的遗憾？期待您的思考和分享。

作文：郑日奎《与诸弟侄》

故说诗者，不以文害辞，不以辞害志。

——《孟子·万章上》

说文

长期以来，有些人对于写作的理解存在误区，比如“你们教语文的，笔头子擦擦不费事就写出来一大篇了”，又如“宁可多做几件事，也要少写几个字”。

误解源于未曾体会过成功的创作实践。

清初郑日奎是一个在“经世”“名世”“应世”等类型的文章写作中都有成功经验的大家。如何作文，不妨听听他的说法吧！

读典

避实击虚，巧奇险畅

古大将之才，类出天授。然其临敌制胜也，要皆先识兵势虚实，而以避实击虚为百战百胜之法。文士家作文，亦何独不然？盖意乘间则巧，笔翻空则奇，局逆振则险，词旁搜曲引则畅。虽古今名作如林，亦断无攻坚摭实硬铺直写，而其文得佳者。故一题到手，必静相其神理所起止。由实字勘到虚字，更由有字句处勘到无字句处。既入其中，复周索之上下四旁焉，而题无余蕴矣。及其取于心而注于手也，务于他人所数十百言未尽者，予以数言了之，及其幅穷墨止，反觉有数十百言在其笔下。又于他人数言可了者，予更以数十百言，排荡摇曳而出之，及其幅穷墨止，反觉纸上不多一字。如是又何虑文之不理明辞达、神完气足也哉！此则所谓避实击虚之法也。大将得之以用兵，文人得之以作文，纵横天下，有余力矣。

——选自郑日奎《与诸弟侄》

解惑

语段是郑日奎写给他的几个弟侄看的，可能是用来指导弟侄们学习写作八股文以参加科举考试的。写文章要能给读者提供一些前人从来没有提供过的东西，才有价值。但写作科举考试的八股文，从“四书五经”中命题，都是别人已经反复写过的题目，创新尤难。郑日奎的办法是避实击虚，人详我略，人略我详。要做到这一点，除了写作素材的积累之外，审题的功夫非常重要。“故一题到手，必静相其神理所起止。由实字勘到虚字，更由有字句处勘到无字句处。”审题的时候要“静”，凝神静气，从实词到虚词，逐一推敲；从字面上的意思到文字中暗藏的玄机，逐一联想，才能对某一题目的理论思路有完整的把握。以认真、审慎、谨严的态度对待写作，是写作成功的重要的第一步。

至于从生活中捕捉、发现写作的规律，这一点似乎并不为许多人所理解。郑日奎的《与诸弟侄》以文道相通为话题，着重阐述行文如用兵，贵在用力取巧、出奇、历险、畅达，以创新制胜的道理。加以概括，则表现在四个方面：一是以巧出新，“意乘间则巧”，意思是说，文章立意倘能出人意料，则能够以精巧出新；二是以奇出新，“笔翻空则奇”，即写作的风格如能一反平实，则能够以奇特出新；三是以险出新，“局逆振则险”，作者强调，文章布局能打破常规，则能够以险峻出新；四是以畅出新，“词旁搜曲引则畅”，郑日奎认为，用词能广泛搜求吸取，则能够以流畅出新。

当然，郑日奎写作中语言运用谋求新意的另一个方法是，凡“他人数言可了者”，他擅长以“数十百言”，描摹铺陈、起伏摇曳，虽然文章有一定的篇幅，读者反而感到“纸上不多一字”。细细想来，化繁为简、以简驭繁是一种写作功力，而以细腻铺陈见长，又何尝不是一种写作功力？

他在教导弟侄们写作要创新的时候，他的写作本身就是创新的。大将作战是弟侄们虽未必亲身经历过，却也耳熟能详的间接生活；用之与文士作文相类比，能让他的读者容易领会和接受。而他所总结出的“先识兵势虚实”再“避实击虚”的写作方法，言简意赅，形象生动。泛而言之，不单作战与作文之间存在类比关系，作战以外的生活中的其他方面，究其本质而言，也和写作的道理是相通的。正因如此，一本《孙子兵法》，才能既可供军人阅读，也可供商人阅读，还可供政治家阅读——写作全程的思维活动，是生活中思维活动的文字化、固着化。作品写的对象是生活，自然写好文章的重要前提条件是要学会观察生活，体验生活，感悟生活。观察、体验是一种生活的实践；感悟则是一种在实践基础上的理性思考。观察、体验、感悟生活，既可以让我们获得写作中源源不断的素材，做到“言之有物”，笔下涌动真情；同时，也可以让我们从中悟出写作的规律与方法，从而使写作的构思及艺术表现显得创新生动，从而增强文章的表现力与艺术魅力。

明鉴

英雄所见，古今大同

谈创作，总不外乎“生活”“详略”“创新”等关键词，这方面古今大致相同。

写作要从生活中掘取丰富素材，这一点已无可置疑。

据《史记·太史公自序》，司马迁 20 岁那年，开始广泛漫游，到达过今天的湖南、江西、浙江、江苏、山东、河南等地，寻访了传说中大禹的遗迹和屈原、韩信、孔子等历史人物活动的旧址。漫游回来以后，司马迁又奉使到过四川、云南一带，后来因侍从武帝巡狩封禅而游历了更多的地方。他的足迹几乎遍及全国各地。漫游开拓了他的胸襟和眼界，使他接触到各个阶层各种人物的生活，并且搜集到许多历史人物的资料和传说。这一切，对他后来写作《史记》起了很大的作用。

传说元末明初小说家施耐庵为写作《水浒传》，曾深入崇山峻岭，攀上参天古木，并坐于枝丫间观看饿虎扑食和惊鹿逃生的惊心动魄的场面。现代作家夏衍为搜集包身工材料，深入工厂实地观察调查了三个月，从而获得了大量的第一手资料。而另一位现代作家曹禺在创作《日出》时，为了体验生活，搜集素材，曾经三下“鸡毛店”，正因为他深入社会下层，才熟悉了许多奇形怪状的人物，因而写出《日出》这样脍炙人口的作品来。

许多作家的写作经历都告诉我们，只有沉浸于所要描写的生活之中，才能反映出那种真实生活，作者的情感才能真实，作品才能打动人、感染人、教育人。

蒲松龄的小说《金永年》一文中，作者仅用字 70 余个：“利津金永年，八十二岁无子；媪亦七十八岁，自分绝望。忽梦神告曰：‘本应绝嗣，念汝贸贩平准，赐予一子。’醒以告媪。媪曰：‘此真妄想。两人皆将就木，何由生子？’无何，媪腹震动；十月，竟举一男。”在极省简的篇幅中，交代了一对老夫妻因神赐而得子的故事。在《聊斋志异》中，一些谓之为“小文”的微型小说作品约占整个《聊斋志异》篇目的三分之一左右，足可见蒲松龄的文字功夫。

宋代文学大家欧阳修写作《醉翁亭记》，开始写环滁山名，有好几百字，最后改定时，只剩下“环滁皆山也”五个字，经过千锤百炼的句子，笔墨少而含量大，一下子把群山环抱的滁州的壮丽山景展示在读者眼前。

蒲松龄、欧阳修的"炼字"功夫与郑日奎"以数言了之"其实源于相同的道理，寥寥数字并不妨碍作者的通畅表达，这是写作中的思路创新。

字面上的简不等于精练，艺术表现上的繁笔，也有别于通常所说的啰唆。鲁迅是很讲究精练的，但他有时却有意采用繁笔，甚至于借重"啰唆"。《社戏》里写"我"早年看戏，感到索然寡味，却又焦躁不安地等待那名角小叫天出场："于是看小旦唱，看花旦唱，看老生唱，看不知什么角色唱，看一大班人乱打，看两三个人互打，从九点多到十点，从十点到十一点，从十一点到十一点半，从十一点半到十二点，然而叫天竟还没有来。"

周先慎在《简笔与繁笔》中分析鲁迅先生的这段创作。他说，在通常情况下，如果有谁像这样来说话、作文，那真是啰唆到了极点。然而在这特定的环境、条件、气氛之下，鲁迅用它来表现一种复杂微妙、难以言传的心理状态，却收到了强烈的艺术效果。

再看朱自清笔下的《荷塘月色》，荷塘和月色的描写被巧妙地结合起来。荷塘，是月下的荷塘，无月却处处有月，荷叶、荷花，都处在朦胧的月光中，有着奇异的光彩；盛开的和含苞欲放的白花被作者想象成"明珠""星星"，让读者从色彩和光华上感受了荷花之美；荷花的缕缕清香，微风传送，像远方飘来的歌声一样似有似无，时断时续，捉摸不定，这被作者想象成"远处高楼上渺茫的歌声"；月光如流水一般，静静地泻在叶子和花上，薄薄的青雾浮起在荷塘里，叶子和花仿佛在牛乳中洗过一样，一个"泻"字让读者感受的是一种奶白色而又鲜明欲滴的实感，一个"浮"字让读者感受的是月光下荷叶、荷花那种缥缈轻柔的姿容。作者写叶、花的安谧、恬静，衬托出月色的朦胧柔和，月色本是难以描摹的，但作者透过不同的景物，从不同的角度去写月色，使难状之景如在眼前。试想，在这细腻逼真的描写中，有哪一句、哪一字是多余的呢？

师说

兵法与写作本相通

兵法中，有许多道理值得在写作中加以应用。

谋篇与全局

打仗不打无把握之战，同理，写作不写无把握之文。《孙子兵法·始计篇》中强调："一曰道，二曰天，三曰地，四曰将，五曰法。……凡此五者，将莫不闻，知之者胜，不知者不胜。"在孙子看来，战争是一综合系统，它包括政治、经济、文化、历史和环境等因素。因而，谋略战争应有全局的观念，从宏观上把握。其实，就作文而言，作文不是一项孤立的文字训练活动，它是写作者情智及语文知识的综合运用，因此，也是一个综合的体系。我们写作文，须做到心谋全篇，高瞻远瞩。著名画家郑板桥曾将其绘画过程形象地归纳为"眼中之竹—胸中之竹—手中之竹"。实际上这正是强调，写作要综观全局、统谋全篇：如果说，"眼中之竹"是局部和具体到某一处的竹子，那么，"胸中之竹"便是在宏观和整体背景下的竹子，而"手中之竹"则是揉整体之竹与个体之竹于一体的笔下之竹。缺少了统筹全局的能力，便既画不出生动的竹子，也写不好生动的文章。

材料与积累

战争需要后勤保障，作文也要做有米之炊。《孙子兵法·作战篇》中说："凡用兵之法，驰车千驷，革车千乘，带甲十万，千里馈粮。……日费千金。"作战需要充足的军需物资为后勤保障，而作文则需要拥有丰富的材料。材料，可以源于自然生活、职场生活、社会生活，可以源于自己的生活、他人的生活，可以源于现实生活、历史生活，等等。从五彩缤纷的生活海洋中汲取无穷的素材和养分，做积累素材的有心人，是作好文的基础。

蓄势与情感

战争要势，作文要情。《孙子兵法·兵势篇》中说："激水之疾，至于漂石者，势也。……故善战人之势，如转圆石于千仞之山者，势也。"孙子认为，善于指挥作战的人善于制造一种有利的态势，这样进攻才有强大的冲击力。"势"是作战的一种心理状态，就作文而言，则是一种创作动力，情动而意动，意动而文成。作文在蓄势方面的具体努力就是蕴蓄情感，使文章涌动真情。《始计篇》总结了谋划"诡道十二法"，《火攻篇》总结了火功五法，《用间篇》总结了用谍五法。兵法如此，作文亦如此。我们必须总结、发现和运用写作规律，使作文文理和情感两方面都能有生动的体现。

实践与实战

战争是在战争中学习战法，作文是在作文中学习作法。《孙子兵法·军形篇》

中说:“是故胜兵先胜而后求战,败兵先战而后求胜。善用兵者,修道而保法,故能为胜败之政。……地生度,度生量,量生数,数生称,称生胜。”战争需要总结反思,需要在实战中经受磨炼和成长。作文也是这样,只停留在说的层面上,不认真“下水”实践,不在写作的历练和实践中总结经验与教训,提高作文水平也许只能是空中楼阁。

写作很苦,创作有方。郑日奎的《与诸弟侄》中关于写作的见解是其数十年辛勤写作得来的宝贵经验,也是我们今后写作的有益借鉴。

学思

近年来,常有高考考场作文用文言写就的个案发生。用文言写高考考场作文,是否可称为“创新”? 期待您的思考和分享!

和谐：居易为官与作文

施之金石，则音韵和谐；措之规矩，则器用合宜。

——《晋书·挚虞传》

说文

语文特级教师陈军于2013年3月在《语文学习》上发表了一篇文章，其题目是《我的启蒙》。至今还记得，刚读到文章开头，笔者就心有戚戚，止不住地流了泪。“父亲在乡民之间是十分孤独的。为谋生计，他不能不与乡民通俗；但又坚守君子固穷的一面。……本是有干部工作的，但个性又使他合不了群。唉，他的艰难，我过了50岁才稍稍明白。”当时笔者也在“奔五”的路上艰难跋涉着。

还是在这篇文章里，陈军老师用了一个比喻表述读和写的关系，又用了自己的切身实践作解说：把前后读演绎为思考方式——循环深思。他喻之为“挖井”。先开一大圈，在一平面上读；再挖一中圈，在新开的平面上读；续之又挖一小圈，又获得新平面，再读……如此深挖下去，就是不断接纳新水源的过程。挖井越深，接触的土层就越多；不同土层的水都可以源源而来。这，大概是“为有源头活水来”的又一情形吧。

受他的启发,笔者也用挖井的方法去打通读与写,把读过的东西化为自己的理解,再转述、分享给他人,以期获得一种工作与生活的和谐。

读典

居易幼聪慧绝人,襟怀宏放。年十五六时,袖文一编,投著作郎吴人顾况。况能文,而性浮薄,后进文章无可意者。览居易文,不觉迎门礼遇曰:"吾谓斯文遂绝,复得吾子矣。"……居易文辞富艳,尤精于诗笔。……所著歌诗数十百篇,皆意存讽赋,箴时之病,补政之缺,而士君子多之,而往往流闻禁中。章武皇帝纳谏思理,渴闻说言,二年十一月,召入翰林为学士。三年五月,拜左拾遗。居易自以逢好文之主,非次拔擢,欲以生平所贮,仰酬恩造。

居易与河南元稹相善。……稹自监察御史谪为江陵府士曹掾,翰林学士李绛、崔群上前面论稹无罪,居易累疏切谏……疏入不报。……上又欲加河东王锷平章事,居易谏曰:"宰相是陛下辅臣,非贤良不可当此位。锷诛剥民财,以市恩泽,不可使四方之人谓陛下得王锷进奉,而与之宰相,深无益于圣朝。"乃止。

——节选自《旧唐书·白居易传》

解惑

白居易从小就聪明过人,胸怀博大。他在十五六岁时带着一册自己的文章,向著作郎吴地人顾况自荐。顾况善文,不过性情浮躁,看不起别人,后辈的文章没有合他心意的。看过白居易的文章之后,顾况不由得把白居易请上门并友好地会见他,说:"我以为文人已经绝迹了,没想到又遇见了您。"白居易文辞富丽华美,尤其擅长于写诗文。他写的上百篇诗歌，都含有讽谏之意，针砭时俗的弊病，补救政事的缺陷，因而读书人、品德高尚的人都很赞赏他，这些诗文也常常流传到宫中。章武皇帝纳谏思治，渴望听到正直的言论，元和二年十一月，征召白居易到翰林做学士，三年五月又授予他左拾遗的官职。白居易自认为遇到了爱好文学的君主，破格提拔自己，因此要用平生所学得的知识，上报君主的恩遇。

白居易与河南的元稹交好，元稹由监察御史被贬为江陵府士曹掾。翰林学士李绛、崔群在皇上面前说元稹无罪，白居易也多次上疏恳切劝谏，奏疏呈上后没有回音。皇上又要封河东人王锷为平章事，白居易劝谏说："宰相是皇上的辅佐大臣，不是贤良的人不能担当此职。王锷强令他人供给物品、搜括百姓钱财，并以此来求得恩泽，不能让天下人认为您是得了王锷的进奉而给他宰相的职位，这样做对圣朝是没有好处的。"皇上这才取消了让王锷当宰相的想法。

明鉴

主业为官，副业作文

白居易（772—846 年），字乐天，号香山居士。他是唐代著名诗人、文学家，新乐府运动的倡导者；有《白氏长庆集》传世。他曾任翰林学士、左拾遗、江州司马、杭州刺史、刑部尚书等官职。

他的诗和文，中学语文教材里选了不少。如《观刈麦》《钱塘湖春行》《琵琶行》《长恨歌》《卖炭翁》等。

《观刈麦》是他 30 多岁时写的，当时他任陕西盩厔（今陕西省周至县）县尉。看见农人冒着炎热抢收小麦，他心生同情；听见捡拾田头掉落的残剩麦穗的贫妇与别人的对话说"家田输税尽，拾此充饥肠"，他不禁"闻者为悲伤"，悲叹"今我何功德？曾不事农桑。吏禄三百石，岁晏有余粮"，并且"念此私自愧，尽日不能忘"。

《卖炭翁》是白居易创作的《新乐府》组诗中的一篇。在他的笔下，卖炭翁辛苦、劳累，却连基本生活都难以维持，以至于"心忧炭贱愿天寒"。即便如此，却还有掠夺性质的宫市制度，"一车炭，千余斤，宫使驱将惜不得。半匹红绡一丈绫，系向牛头充炭直"。

这两首古体诗，充满了他对劳苦人民的同情，宣示着他对不合理制度的批评，表达了他对比之下良知的冲突和自愧。它们也能让我们体会到白居易诗歌语言“老妪能解”的浅俗特点，更直观深入地理解他后来倡导的“新乐府运动”的口号——“文章合为时而著，歌诗合为事而作”。

他在江州司马任上，写了《琵琶行》，其中“大弦嘈嘈如急雨，小弦切切如私语。嘈嘈切切错杂弹，大珠小珠落玉盘”，因擅于化无形的声音为有形的美物，而成为中国古诗中描绘声音的著名诗句。

他在杭州刺史任上，因自得于修筑湖堤蓄水的功劳，写了《钱塘湖春行》。在诗中，他忍不住直接抒情说“最爱湖东行不足，绿杨阴里白沙堤”。

白居易用他的笔，记录了自己的工作和生活，为后人留下了丰富而优秀的诗文作品。也因此，我们对教材内的白居易的印象，容易定格在“诗人、文学家”上。其实，跳出教材，我们会发现，做官才是他的主业，写作只是他的副业。

“写作”在中国古代，并不是一种“专职”。因为当时还没有成规模地推广普及印刷术，也没有像现在的种种报刊或出版社。读书人常常通过即席赋咏、呈示寄赠、投诸名流、墙壁或“诗板”题诗等方式，“发表”自己的作品。如白居易《蓝桥驿见元九诗》中就说“每到驿亭先下马，循墙绕柱觅君诗”，李白也曾慨叹“眼前有景道不得，崔颢题诗在上头”。读书人“发表”诗作的首要目的，是为赢得更多人的颂扬，以引起达官贵人的注意，得到被举荐做官的机会，像柳永那样“奉旨填词”的“专职”作者，只是极其特殊的个案。像上述诗文，无一不是源于白居易身为官员时的所见所闻、所思所感。

而且，他的“主业”做得相当可圈可点。

从青年时代开始就关心民瘼的白居易，不同于一般冲着名禄去做官的读书人。只要有机会，他总是尽力为百姓做好事、做实事。“城上冬冬鼓，朝衙复晚衙”，“鳏惸心所念，简牍手自操”，就是他任杭州刺史时忙碌身影的自拍照。在杭州，他主持修筑湖堤蓄水，亲临现场，勘查方位，检查进度，并制定了管水用水制度。他还组织大规模人力，清理旧有“郭内六井”中的淤泥，恢复其功用。离任时，他有《别州民》一诗，末句云：“唯留一湖水，与汝救凶年。”可见他对自己治理西湖的功绩也是颇为自豪的。

这些，都显示出他作为官员干练、务实的一面。

他积蓄自己的俸禄，离任时，主动用于公益，如维修西湖水利、救赈灾荒等。在此之前，他曾做过权力很大的中书舍人、知制诰，既有建议提案的权力，又有审议决策的权力，地位尤重。成德军叛乱的时候，白居易提议田布出任魏博节度使，征讨成德。田布临行前送给白居易五百万钱以示酬谢，他委婉拒绝了。在此之后，他做过为时一年多的苏州刺史，离开时，他“身携妻子唯三口，鹤与琴书共一船”。

这些，都显示出他作为官员识人、爱民、清廉的一面。

为官与作文，白居易就这样做到了“音韵和谐”。

师说

公务与研究，滋养与反哺

我们多数人工作之后如果不是评职称的压力，就不再有写论文的动力；而白居易公务之余仍然笔耕不辍。

我们当中少数人写论文、做课题、做项目，与自己的真实实践是“两张皮”，应付了事。白居易的写作与他的公务、与他的真实生活存在着有机联系。古代其他文官也有不少如此。黄庭坚叙述自己“痴儿了却公家事，快阁东西倚晚晴”，在了却公务之后，虽然表示要“万里归船弄长笛，此心吾与白鸥盟”，但他并没有说从此以后把带他进入仕途的诗赋功夫丢弃。

白居易因为一直持续强化自己诗赋作文的“武功”，因此他在自己的时代始终都能保持住文学成就和地位。如果他像许多官员那样，只拿科举当敲门砖，忙于公务、应酬，有朝一日，官场失意，想再拿起笔来抒发情感，恐怕也有心无力了吧？

我们选择了教职，通常情况下，职业状态是稳定的，不至于像白居易那样经历宦海沉浮、官场倾轧。越是这样，我们越不容易保持入职前的状态，也就越容易钝化掉研究所需要的敏锐性，失去写作所需要的思维的流畅性。我们一旦放下了写毕业论文时的那一股子研究和写作的劲头，恐怕也会渐渐失去研究和写作的能力。

那么，我们不妨学学白居易之用心做好公务和用笔思考、记录公务，以研究的目光打量和反思教学中的每一件具体工作，聚合起自己思想的火花，形成文字，连缀完篇，供同行分享。用心做好公务，用脑思考公务，用笔记录公务；以公务滋养研究,以研究反哺公务,实现专业能力的自我发展与提高。

专业型人才与复合型人才

白居易的官务杰作——杭州西湖白堤已经充分表明,他是一个给他舞台便能绽放光彩的实干家。他所倡导和实践的新乐府运动,表明他有能力发起和引领一场成功的文学思想革命和文学实践。他兼擅各体,能随境遇变化而主动调整诗文的内容和风格,表现出极强的文字驾驭和情感控制能力。在他这里,“诗穷而后工”的说法失效了,原因正在于他有足够丰富多样的才能,供他在不同境遇下自我调节。不妨说,在仕途遇阻的时候,正是写作帮助他顺利渡过生命中的种种困顿,记录和抚慰他的内心世界,提升他的精神生活质量。

白居易这样的人,就像瑞士军刀。它的主要功能是刀具,同时它还有圆珠笔、牙签、剪刀、平口刀、开罐器、螺丝刀、镊子等基本工具,这使它具备很多辅助功能,如野战露营,保养和维修兵器,修理汽车及自行车等。如果把它比作一类人,那就是当下最需要的那种复合型人才。如果拿它对应具体的人,如白居易,则公务才干本是他愿意毕生修炼不止的主要才能,也是他最期望得到发挥的才能;但任何时代,在他人生的某个时段,能处于同类人群中金字塔尖的人,总只是极少数的幸运儿,如果囿于时运,最常得到发挥的是其诗赋之类的辅助才能,也强似没有其他可用才能。

话说回来,只要能与人有利,发挥辅助功能与主要功能又有多大区别呢?做得好,历史都会承认你。

自学厚实本体,自研超越教参

如果不作深入钻研,我们对于白居易的印象,可能会停留在教材教参对他的介绍之中,以为他是一个语言风格非常质朴的作者,其作品都是“老妪能解”的;以为他的诗作以讽喻为主,以表现百姓疾苦为主,几乎可以说是“人民诗人”……我们的片面印象源自哪里?答案不言而喻。

正因如此,笔者才格外感受到通过自学使本体知识更加厚实,通过自研让自己的认知超越教参的重要性。

空谈理念,似乎是紧跟形势、头脑灵活的表现,有时确实也能兑现成当下的名与利;但一不留神,也容易被理念们在头脑里“跑马”,成为一个没有思想的人。把时间更多地用在钻研本体知识和最基本的教学技能上，才能让你稳稳起跳，起跳之后还能稳稳落地。就语文而言，入职之前所学关于白居易的知识，只是“师傅领进门”式的粗线条的概括性的知识，还不足以助你教给学生真实全面的白居易。那么，入职以后，教学上的研究重点首先应当是学科本体知识，能做到教给学生正确全面的内容；在此基础上，内容能充实、丰实并组织得有逻辑有趣味。

于漪老师三次备课，第一次不看任何参考书和资料，全凭自己的理解，对教材进行一次整体把握；第二次广泛收集各种参考文献资料，看看名师、教育专家是如何授课和对教材进行分析的；第三次是在上一个平行班之后，总结经验，进行教学反思之后再备一次课。她至少有一半的备课时间是用在教材理解分析上，也就是本体知识这一块。

“本体知识”，其内涵主要指学科方面的本体知识，但不局限于此，它是指你能拿出来用于交代给学生的与学科或教育有关的知识。一个语文老师读读《陶渊明传》，一个历史老师读读唐德刚著作，都是分内事。一个老师听听著名经济学家何帆的《大局观》，读读管理学大师德鲁克的文章，似乎是分外事，但能极好地补裨“分内”事。知晓的各行业的东西多，教给学生的就能更紧密地联系现实；研究研究人家的谋篇布局、语言逻辑，也能提高自己的表述能力。

学科教研组活动，应该有相当比例的时间用在本体知识的共同研究上，才有“干货”。比如语文，同一篇课文，参加者分别提供自己认为有价值的教参以外的素材（作者生平的，课文以外的他的作品或逸事的，他人评价的，当时文学理念的，与当下什么思潮相合的，都可以），然后讨论内容的选择与组织，教学过程的安排及原因，等等。考试过后阅卷之前，学科同行相聚，一起讨论阅读文段，研究题干和答案；阅卷过后，汇总分析得失分原因，讨论讲评课怎么上才能让学生理解解答过程中的学科高阶思维。

如此，才能使自己的本体知识丰厚，有充分自信走出教材教参的框框，带给学生更准确更全面的内容。

学思

您是如何处理工作和生活的，有没有好的做法？

图书在版编目(CIP)数据

枕典集:跟着经典学为师 / 罗玉英著. —上海:上海教育出版社,2018.4
ISBN 978-7-5444-8176-2

Ⅰ.①枕… Ⅱ.①罗… Ⅲ.①教师—修养 Ⅳ.①G451.6

中国版本图书馆CIP数据核字(2018)第081024号

总 策 划 刘 芳
责任编辑 宁彦锋 汪海清
特约编辑 赵玉成
封面插画 车鹏飞
封面设计 周 吉

枕典集
——跟着经典学为师
罗玉英 著

出版发行 上海教育出版社有限公司
官 网 www.seph.com.cn
地 址 上海市永福路 123 号
邮 编 200031
印 刷 常熟华顺印刷有限公司
开 本 700×1000 1/16 印张 15.25 插页 1
字 数 241 千字
版 次 2018 年 5 月第 1 版
印 次 2018 年 5 月第 1 次印刷
书 号 ISBN 978-7-5444-8176-2/G·6763
定 价 49.00 元